U0113714

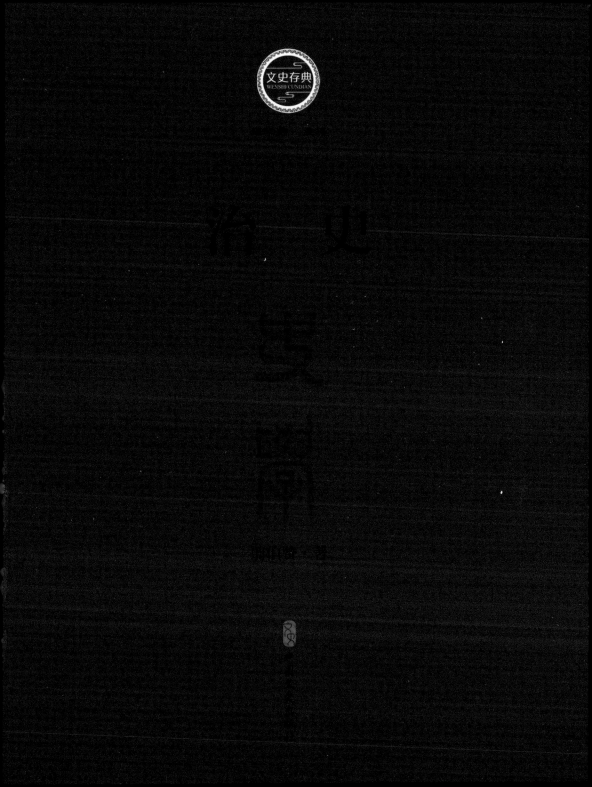

图书在版编目（CIP）数据

治史 / 翦伯赞著 . -- 北京：中国文史出版社，
2018.6

（文史存典系列丛书 . 史学卷）

ISBN 978-7-5205-0168-2

Ⅰ . ①治… Ⅱ . ①翦… Ⅲ . ①史学—中国—文集

Ⅳ . ① K207-53

中国版本图书馆 CIP 数据核字（2018）第 053543 号

出 品 人：刘未鸣　　　　　　责任编辑：窦忠如　　刘华夏
策 划 人：窦忠如　　　　　　责任校对：程铁柱
装帧设计：润一文化　　　　　实习编辑：孟凡龙　　王　丰

出版发行：中国文史出版社
社　　址：北京市西城区太平桥大街 23 号　　邮编：100811
电　　话：010—66173572　　66168268　　66192736（发行部）
传　　真：010—66192703
印　　装：廊坊市海涛印刷有限公司
经　　销：全国新华书店
开　　本：720 毫米 ×889 毫米　　1/16
印　　张：12
字　　数：154 千字
版　　次：2018 年 7 月北京第 1 版
印　　次：2018 年 7 月第 1 次印刷
定　　价：52.00 元

《文史存典系列丛书》学术顾问委员会

（按照姓氏笔画排序）

出版说明

中华民族历史悠久，文化源远流长，各个领域都熠熠闪光，文史著述灿若星辰。遗憾的是，"五四"以降，中华传统文化被弃之如敝屣，西风一度压倒东风。"求木之长者，必固其根本；欲流之远者，必浚其泉源。"中华优秀传统文化是中华民族的精神命脉，也是我们在激荡的世界文化中站稳脚跟的坚实根基。因此，国人需要文化自觉的意识与文化自尊的态度，更需要文化精神的自强与文化自信的彰显。有鉴于此，我社以第五编辑室为班底，在社领导的统筹安排下，在兄弟编辑室的通力合作下，在文化大家与学术巨擘的倾力襄助下，耗时十三个月，在浩如烟海的近代经典文史著述中，将这些文史大家的代表作、经典等遴选结集出版，取名《文史存典系列丛书》（拟10卷），每卷成立编委会，特邀该领域具有标志性、旗帜性的学术文化名家为主编。

"横空盘硬语，妥帖力排奡。"经典不是抽象的符号，而是一篇一篇具体的文章，有筋骨、有道德、有温度，更有学术传承的崇高价值。此次推出第一辑五卷，包括文物卷、考古卷、文化卷、建筑卷、史学卷。文物卷特请谢辰生先生为主编，透过王国维、傅增湘、朱家溍等诸位先生的笔端，撷取时光中的吉光片羽，欣赏人类宝贵的历史文化遗产；考古卷特请刘庆柱先生为主编，选取梁思永、董作宾、曾昭燏先生等诸位考古学家的作品，将历史与当下凝在笔端，化作一条纽带，让我们可以触摸时空的温度；文化卷特请冯骥才先生为主编，胡适、陈梦家、林语堂等诸位先生的笔锋所指之处，让内心深处发出自我叩问，于夜阑人静处回响；建筑卷特请吴良镛先生为主编，选取梁思成、林徽因、刘敦桢等诸位哲匠的作品，遍览亭台、楼榭、古城墙，感叹传统建筑工艺的"尺蠖规矩"；史学卷特请李学勤先生为主编，跟随梁启超、陈寅恪、傅斯年等诸位史学大家的笔尖游走在历史的长河中，来一番对悠悠岁月的探源。

　　需要说明的是，限于我们编辑的学识，加之时间紧促等缘故，遴选的文章未必尽如人意，编选体例未必尽符规律，编校质量未必毫无差错，但是谨慎、认真、细致与用心是我们编辑恪守的宗旨，故此敬请方家不吝指谬。

中国文史出版社

2018年4月16日

目 录

略论中国史研究

一 一部二十四史从那里读起

"一部二十四史，从那里读起？"这是中国历史研究者发出来的一声浩叹。这种浩叹，正是表现中国历史研究者，对于庞大的中国历史资料，没有方法来处理了。

诚然，中国留下来的历史典籍，的确是非常丰富，一部二十四史还不过是九牛之一毛。所谓二十四史，只是历代增凑起来的一部官史，（唐只有三史，宋增至十七史，明增至二十一史，清增至二十四史）此外在史部之中还有汗牛充栋的私人著作，并未收入。若广义的说，则六经皆史，诸子皆史，乃至历代以来私人的文集，诗集，画集，政府的文告，官吏的奏议，地方的志书等，无一非史。再广义些说，一切历史的遗留，现存者与再发现者，亦无一非史。因而中国的历史资料，真可以说浩如烟海。当作"历史"，这些典籍，的确是太多；但当作"历史资料"，则这些典籍，我们还觉太少，因此，问题还是不在于历史典籍太多，而是在于没有很好的研究方法。懂得了研究的方法，则一切的历史资料，都变成了工程师手中的砖瓦，不懂得历史方法，则结果便会被材料包围而不得脱身。

所谓历史方法，就是从千头万绪的历史事实中，找出那一种贯通于他们之中的原理原则，使一切历史的事实，都在这种原理原则之前，得到正确的说明。这种原理原则不是用人类主观的思维，可以想得出来的，而是从无数具体的历史事实中抽象出来的。因此要找出历史发展的原理原则，还是要记得"历史事实"。多记"历史事实"，是研究"历史方法"之基本前提。研究历史的方法就是从历史事实中发见历史发展的原理原则；再用这种原理原则去说明历史的事实。换言之，即从这千头万绪的历史事实中，找出他们的相互关联，找出他们的运动法则，找出他们发展的倾向。这样，任何交错复杂的历史事实，在我们面前，便再不是混乱一团，而是一定的历史发展阶段上所表现出来的应有的现象。这样，我们也就不仅可以知道历史上的任何事实，"怎么样"发生发展，而且也可以知道他"为甚么"要发生和发展。

中国过去的历史家，也有他们的历史方法。如他们或以事系年而创为"编年史"，或以事系人，而创为"纪传史"，或即事名篇而创为"纪事本末"。但是编年史，则一事前后隔越，纪传史，则一事彼此错陈，纪事本末体对于历史事实虽类聚而条分，原始而要终，但是他并没有对于事与事之间给以联系之总结果，只是一些孤立的事实。因之中国过去的历史方法，可以说只是一种简单的逻辑。用这种简单的逻辑整理中国史，当然是不够的。

　　近来实验主义堰倡为点点滴滴研究中国史之议，实际上，这是乾嘉学派的旧方法，并不是实验主义的新方法。所谓点点滴滴，不过是对于史料之疏通辨证，训释辑补而已，但对于这样的工作，清代的历史家，已经留下极大的成绩。我们不是说，这种琐碎的研究工作，对于研究中国史，不是必要的，反之，我们觉得这正是研究历史的一个前提工作。但是如果没有正确的方法，就是点点滴滴的历史研究，也是不能得到正确的结论的。

　　在另一方面，新的历史学，直到现在，还是一种外来的科学，他依然是当作一种制成品，原封原样地输入中国。因此，在过去若干年间，这种外来的历史学，一到中国，便成了若干教义的集成。近来，已有不少的历史家在运用新的研究方法，来研究中国史，但一旦接触中国具体历史事实的时候，便不能正确地运用方法论了。因此，我以为新的历史家，在现在的任务，不是高谈方法论，而是应该带着他们已经知道了的方法，走进中国历史资料的宝库，去用历史资料来考验方法论。

　　在下面，我提出几点关于中国史研究的意见，也许这几点意见，可以帮助读者对于中国史的研究。

二　看看大汉族以外的中国

　　中国的历史家，过去以至现在，都是以大汉族主义为中心，处理中国的历史，因此，过去以至现在的中国史著述都不是中国史，而是大汉族史。

　　但是大汉族史不是中国史，而只是中国史的一个主要的构成部分；真正的中国史，是大汉族及其以外之中国境内其他诸种族的历史活动之总和。因此，研究中国史，首先应该抛弃那种以大汉族主义为中心之狭义的种族主义的立场，把自己超然于种族主义之外，用极客观的眼光，把大汉族及其以外之中国境内的诸种族，都当作中国史构成的历史单位，从这些历史单位之各自的历史活动与其相互的历史交流中，看出中国史之全面的运动与全面的发展。

考古学的发现和无数古典的传说指示吾人，活动于中国这块地盘上之最初的人类是两个系统的人种：其一为"蒙古高原系"人种，其一为"南太平洋系"人种。这两系人种，在中国史前时代，还是处于匹敌的地位。他们具有同一水准的文化创造，而且他们之间有着不断的文化的和血统的交流。此外，在同一时代，这两系人种，又各自分裂为许多氏族，分布于不同的地域以及不同的自然环境之中，平行地展开他们各自的历史活动。在后来的历史发展中，他们或由分裂而再进于统一，或由统一而再进于分裂。因此，如果要了解中国史前社会的全部内容，就不能从某一人种的历史活动得到说明，而是要从这两系人种之文化的和血统的融混及其各自的分裂与统一中，才能得到说明。

在太古时代，中国并无所谓支配种族或落后种族。今日之成为支配种族或为落后种族，乃是后来历史发展的结果。汉族的形成，是殷周以来"蒙古高原系"人种中的一部分融混的结果。直到汉代，这个混成的种族才以汉族之名出现为中国历史上之支配种族。自从汉族在中国这块历史地盘上成为支配种族以后，于是不仅"南太平洋系"人种被称为南蛮或西南夷，即散在中原以外之"蒙古高原系"的诸种族，也被称为西羌北狄与东夷了。

因此，在中国史上，我们一方面可以看到在秦汉隋唐以至明代之历史的发展中，汉族不断地向中原以外的地域展开，因而使其他诸种族一步步的退出了中原历史的领域。在另一方面，我们又可以看到汉族以外之其他诸种族也不断地企图或竟然侵入中原文化区域，如周之严允，秦汉之匈奴，晋之五胡，南北朝之鲜卑，隋之吐谷浑，唐之吐蕃、南诏，宋之契丹、女真与鞑靼，明之瓦剌、阿鲁台与女真，这些种族或成为汉族可怕之邻人，或竟压服汉族成为中国史上一时之支配种族。中国史就在汉族的伸张与其他诸种族的侵袭而表现出他的展开与萎缩之曲线。

在这种种族间之拉锯式的错综伸缩的历史过程中，由于战争、交换与和平的移民，必然要不断地发生各种族间之血统的与文化的交流。由于这样的交流而引起之彼此间的变化，才是中国历史之全面的运动。因此我们研究中国史，应该尽可能的去搜集汉族以外之中国境内的其他诸种族的史料，从这些史料中去发现他们自己的历史之发展，以及在他们的历史发展过程中之彼此间的相互关系与相互影响，这样，我们便可以发现中国史并不是一个汉族所演的独角戏，而是许多种族为了发展其自己而表现出来之历史的活剧。

三　再看看中国以外的世界

中国的历史家，过去以至现在，都把中国史当作一种遗世而独立的历史。换言之，即把中国史从其与世界史之关联中，截然地割分出来，使之成为一个与世绝缘的独立的历史单位。

但是我以为当作一个独立的历史单位，中国史固然有其自己之独特的运动和发展；当作世界史中的有机之一环，则中国史与世界史之间，又决不能划出一条绝对的界线。在现实的历史发展中，地理的疆域，决不能范围历史的冲决；因而中国史的变动，往往影响世界史的发展。反之，世界史发展之总的倾向，也必然制约着中国史的发展，中国史之于世界史，正犹细胞之于人体，他是一个个体，但他决不能离开人体而自由的发展其生命。所以我们研究中国历史，必须要顾到他与世界史之间的关联。

举例来说，在西汉初，匈奴南侵，与原住今甘肃山谷间之月氏发生冲突，这是中国史上的一个事变；但月氏却被迫而西徙，渡流沙，逾葱岭而"西君大夏"，因而从妫河流域（即今之阿姆河）驱逐了希腊人的势力，使"塞王"不得不南徙罽宾（今克什米尔一带）。希腊人南徙罽宾之后，月氏人又蹑希腊人之后，夺取罽宾，成为中亚的共主。这样中国史上的一个事变，但因此而使西羌之一支西徙中亚。同样的史实，由于两汉之北击匈奴，匈奴之一支（即北匈奴）遂开始西徙的行程。当中国漠北无王庭的时候，而在欧洲之多瑙河莱茵河及波河流域却布满了匈奴的族类。当时的匈奴，成为欧洲东北诸种族之严重的威胁，因而加速了日耳曼人的南徙，从而促成了西罗马帝国的灭亡。这样中国史上的一个事变又影响到日耳曼人及罗马帝国的历史。

又如阿育王之宣扬佛教，这是印度史上的一个事件，但因此而使佛教文化东播中国，成为南北朝以至隋唐时代中国之支配的精神。到宋代，佛教中的一个宗派（禅宗）并且与儒家哲学结合，而产生了中国的"理学"。这种理学，自宋以迄于明末清初，又成为中国人民之支配的精神。这样印度史上的一个事件，又影响到中国文化思想的内容之变革。

以上，不过略举数例，但由此亦可看出中国史与世界史的关系，真是牵一发而全身俱痛。大概说来，中国史与世界史的关系，早在史前时代，恐怕就已经存在，如属于传说中夏代之彩陶文化与安诺苏萨的彩陶文化，也许有着某种直接或间接的影响。以后殷代的文化与巴比伦的文化，周代的文化与希腊文化，也许有着或多或少的关系。更后则秦汉文化与希腊、罗马文化在中亚之交流，隋唐文化与阿拉伯文化及印度文化在中亚之交流，元代文化与基督教文化在中亚与东欧一带之交流，明代文化与西欧初期资本主义文化在南太平洋上之交流，更为彰明较著之事实。最后，西欧资本主义的文化，便像水银泻地一样，无孔不入地注入了中国社会的每一个毛孔。这样看来，中国史决不是一个孤立于世界史之外的东西，他不断地以其运动给与世界史以影响，而世界史之发展的倾向，也时时给与中国的运动以制限。

因此，我们研究中国史，必须注意中国史与世界史的关联，以及由此而引起之变动。并且必须考察由于这种变动而产生之经济生活，政治变局，以至艺术、宗教之新的内容。只有如此我们才能了解中国史中每一个时代在世界史中所处的地位，从而在不同的地位中所展开之不同的活动。

四　中国史没有奇迹，也不是西洋史的翻版

中国的历史也和世界其他民族的历史一样，他的发展，决不能逸脱世界史发展的一般法则，但也有其自己的特殊性，——虽然这特殊性在究极上是被制约于历史发展之一般法则。因此我们研究中国史，应该从它的发展之一般的法则中找出它的特殊性；同时，也应该从它的特殊性中去发现它的发展之一般法则。假如我们把任何一个方面提了出来而加以夸张，那都会失去中国史之本来的面貌而得出一种不正确的结论来。

近来有些历史家往往强调中国史的特殊性，他们把中国史描绘成为一个神奇的东方之天国的图画，在这里充满了历史的奇迹与人类社会的神秘，一切都是特殊，中国史就是一个与众不同的特殊史，因而世界史发展的一般法则，在中国完全不能应用，从而作出了中国史上不是缺了这个社会便是短了那个社会之结论。像这样的看法，当然是神经衰弱的历史家之感官上的幻觉，与中国历史之客观的实在性，并没有关系。

另外有些历史家，则强调中国史的一般性，他们不是用一般法则代替现实的中国史，便是用一般法则硬套具有特殊性的中国史，结果，在一般法则之前，中国史变成了一片灰色的东西，他失掉了一切的特殊性，几乎变成了西洋史的再版。实际上，所谓一般法则，只是在大体上

近似地不完全地把变动中的历史现象反映出来，他并不能摄取现实历史中之无限丰富的内容。在现实的历史中，中国史中的许多现象，决不能与西洋史完全没有差别，因而一般法则便不能一举而完全正确地把中国历史发展的特殊性都反映出来。

考古学的报告和历史资料指示吾人，中国史也覆行了世界史发展之一般的过程。许多旧石器文化和新石器文化的发现，证实了中国曾经有过原始公社制的社会之存在。殷虚出土的青铜器文化和许多甲骨文字的纪载，又证实了中国历史中之殷代已经进入奴隶社会。根据若干可靠的古典文献及金文的纪载，中国从西周时起已开始转向封建社会。到秦代，中国的封建社会，虽然转向专制主义的形式，但在本质上，仍然是封建社会。到清代中叶，在中国封建社会中，已经孕育出资本主义的因素，假如没有鸦片战争，则中国的历史，早已进入资本主义社会的阶段了。这样看来，世界史发展的一般法则，也同样贯穿着中国的历史。

虽然如此，中国史也有其特殊的地方，比如中国殷代的奴隶制，没有发展到希腊、罗马那样典型的形态，中国的封建制，很早就采取专制主义的形式，而这在西欧则直到15世纪才转入专制主义的形式。因此，当我们研究中国史的时候，不应强不同以为同；但同时，也不应因为形式上的不同而遂怀疑历史发展阶段的本质。换言之，我们不应把殷代的奴隶制夸张得像希腊、罗马的一样；反之，也不能因为殷代的奴隶主每人平均没有分配十八个奴隶，而遂谓殷代不是奴隶制。同样，我们不应把秦代的封建专制主义与西欧15世纪的专制主义相提并论；但也不应因为中国封建专制主义之早期出现，而遂谓不符合于公式。总之，我们应该承认中国史发展是遵循着世界史发展之一般法则，但同时，也切不可抹杀中国史自己所独有的特殊性。

五　注意客观的倾向，也不要忽略主观的创造

我很早就说过，在旧的中国史著作中，看不见社会经济的影子，在新的中国史著作中，看不见历史人物的名字，如果前者是观念论则后者便是机械论。

我以为研究历史，一方面，固然应该注重社会经济对历史的决定作用；另一方面，也不应忽视人类的主观斗争在历史上所起的作用。如果只注意社会经济的发展而忽略人类之主观斗争，那就无异说任何人类的历史行动对历史都不发生作用，而历史的发展，只是经济的自动发展。反之，如果只注重人类之主观斗争，而忽视社会经济对历史之决定作用，则又无异说，历史是英雄手中的一块泥土，任他捏成他所需要的形式，而一切客观条件，都失掉了对人类主观斗争的制约性。但是在现实的历史发展中，人类的主观斗争在历史上起着很大的作用。如中国史上的许多王朝，大半都被人民叛变所颠覆；反之，社会经济对人类的主观斗争，也有着决定的制限性，如中国史上许多反动的英雄，都一个跟着一个辗死于社会经济前进的车轮之下。因此，我以为历史的发展，不仅是经济的自动，也不仅是人类斗争之自由创造，而是社会的客观条件与人类的主观斗争之辩证的统一。所以研究中国史也和研究其他民族的历史一样，一方面，应该拨开许多复杂的现象，去发现那条通过倾斜曲折乃至倒退的过程而贯通于中国史之社会经济发展的曲线；另一方面，也不要忽略活动于这一条曲线上下之形形色色的历史人物的活动。

在历史上，人类的任何行动，都不是出发于主观的幻想，而是当时社会经济内部的轧轹之政治的表现。因此人类的任何历史行动，都不是为了主观上的快意或仇恨，而都是企图作用于当时社会经济状况之改变或保守。暴君的虐政，农民的叛乱，并不是暴君与农民私人之间有甚么

仇恨，而只是当时的经济现状不调和而已。换言之，经济发展的倾向，决定人类历史行动的方向，并且制限人类历史行动的范围。

在相反的方面，人类的主观斗争，对历史的发展，也演着重大的作用。例如两汉对西域之经营固然是当时社会经济的客观要求，但如果没有武帝明帝那样雄才大略的英王之领导，没有张骞、班超那样冒险绝域的英雄，没有卫青、霍去病及祭肜、窦固等那样英勇果敢的统帅，没有成千成万的远征的大军，则两汉对西域之经营也不会获得光辉的胜利。又如假使没有石敬瑭出卖燕云十六州，则契丹也许不能成为宋朝之威胁；没有汪伯彦、秦桧、张邦昌、刘豫等汉奸之卖国投降，北宋也许不致灭亡；没有洪承畴、吴三桂等之开门揖盗，满清至少不能四十日之内奠定燕京。又如历代的农民叛乱，假使没有一些坚强不屈的人物出现为叛乱的领导者，则那些叛乱也许不致扩大到不能收拾。这样看来，人类之主观的斗争，虽然不能改变历史的方向，但至少可以加速或迟缓历史发展的行程。

总而言之，社会经济规定人类主观斗争的方向，人类的主观斗争，又改变社会经济的状况。我们研究中国史，就是要找出人类主观斗争之经济的背景，同时，也要找出人类主观斗争对社会经济所起之作用。只有这样，我们才能把中国史从死板的文字纪录，变成有血有肉有灵魂的历史。

六 不要看不起小所有者

在旧的中国史著述中我们所看到的，只是无数个人的活动。由于无数个人活动之偶然的凑合和相续的递嬗，便形成了中国史的运动和他的发展。在旧史家看来，中国史上所有的人民叛乱，就是由于几个草寇首领发了"杀性"；而所有的太祖高皇帝的起义，都是因为他们动了"不忍人之心"。一切都是个人活动，一切个人活动，都不是根据于其自己的"社会属性"，而根据于其"情感的冲动"。

在有些新的中国史著述中，我们所看到的，又似乎除了两个集团之外，再没有游离的个人，或者不属于两个集团之间的社会群。

我以为忽略了个人之社会的属性，那历史便变成了一个万花筒，我们只看见混乱一团的无数个人之思想的活动、恩怨的报复。反之，把所有的个人都归纳到两个定型的集团，这又未免把历史过于简单化了。在一定的历史发展阶段上的社会，固然都有两个敌对的集团之对立：如在奴隶社会则有奴隶主与奴隶。在封建社会，则有封建主与农民。但在敌对集团之外，也还有一个中间的社会群，如在奴隶社会则有自由民，在封建社会则有小所有者。这些中间的社会群，在两大敌对集团之间，往往起着缓冲或激发的作用。

在现实的中国史中，小所有者往往在封建统治者与农民间的矛盾尖锐化的时候，倡导改良运动，演着很大的缓冲作用。不过，可惜他们的改良运动不是得不到统治者的接受，便是遭受了保守派的打击而每一次都归于失败。他们的失败，就是在统治者与农民之间，失去了缓冲的调人，结果，跟着而来的，便是农民的直接行动。例如在西汉末，王莽所领导的改良运动失败以后，便爆发了绿林、赤眉的叛乱，在唐代，牛僧孺、李宗闵所领导的反贵族政治斗争失败以后，便爆发了王仙芝、黄巢的叛乱；在宋代，王安石所领导的变法运动失败以后，便爆发了宋江、方腊的叛乱；在明代，东林党人所领导的反宦官政治的斗争失败以后，便爆发了李自成、张献忠等的叛乱；在清代，康有为、梁启超等所领导的改良运动失败以后，便爆发了辛亥革命。这样看来，小所有者的改良运动或政治抗争的失败，几乎就是农民叛乱的信号。小所有者的社会属性，并不属于两大敌对集团的任何一面，然而他们却能演着他们自己的历史任务。因此，当我们研究中国史的时候，我们便不应忽略这一个中间社会群对历史所起的作用。

研究历史，也和研究其他的科学一样，研究愈精细，则结论愈正确。我们不应以分析两个敌对集团之关系为满足，我们必须要进而研究这两个敌对集团之内部的分化与变动。因为人类之社会关系，并不是一种死的不变的定型，而是经常在变动中发展，在发展中变动。例如奴隶社会中的自由民，本来与贵族同为一体；但在奴隶社会崩溃时他们却站在奴隶方面。又如封建社会中最初的商人，本来是与农民同为被压迫的一个社会层，但后来却上升到统治者的地位。像以上的这种变动，都是具体的历史事实所证实了的。我们如果不过细地考察这些人类集团内部的变动，则我们也就不能理解中国史中之社会关系的变化。

七 也要注意宗藩、外戚与宦官的活动

在中国史上，几乎每一个王朝，都有宗藩、外戚（有时也有后妃、女主）、宦官等的内乱，这些现象之发生，决不是偶然的，这正是封建统治者集团中内部矛盾之外的表现形式。因为当作一个集团看，他们的利害是统一的，但是一个集团中，却包含着许多小的阶层，在这些小的阶层与阶层之间，仍然有其相互之间的矛盾。这些矛盾发展到一定的限度也要决裂的。

在中国封建社会的历史中，统治者集团内部的矛盾，经常表现为相继出现的一系列的形式。

首先出现的便是宗藩之乱。如在秦则胡亥杀兄而二世自为；在汉则吕后称制而七国同叛；在晋则贾氏临朝而八王互屠；在隋则杨广弑父而人伦灭绝；在唐则李世民弑其兄，在宋则赵匡胤死于弟，在元则海山杀阿难答，在明则燕王棣逐建文帝，直至清朝，多尔衮亦几篡顺治之位。这些事实就正是表现当新的统治者削平了农民叛乱以后，于是社会的矛

盾便由敌对的方面转化为统治者集团内部的矛盾。

宗藩之乱，可能发展为不同的前途，它可能转化为与农民之间的矛盾，也可能转化为与外族之间的矛盾，这两种转化都可能使封建政权陷于覆灭。前者如秦如隋，不旋踵而遂爆发了农民叛乱；后者如晋如宋，不旋踵而招来了外族的侵略。但是假如克服了这一矛盾，则封建政权，可能走上兴盛的路途，如汉则有文景之治，唐则有贞观之治，明则有永乐之治，清则有乾嘉之治。这些所谓"之治"的历史内容，就正是说明封建统治者克服了内部的矛盾，而能致其全力于农民之复员，把农民再编制于土地之上，恢复了封建社会经济的秩序的结果。

跟着封建社会经济的繁荣，便是封建统治者的腐化，于是外戚宦官便相继走上了政治的舞台。因此，外戚宦官的登台，正是封建政权走向没落的标志。不过外戚宦官的登台有一个必要的条件，即必须在封建集权主义的政治体制之下，而且必须在这种集权政治开始腐化的条件之下。因为只有在集权政治之下，皇帝的外戚和家奴才能显出他们的威风；只有在集权政治开始腐化的时候，他们才能利用皇帝对一切臣民不信任的心理，而把自己变成时代的宠儿。历史的事实证明在三国两晋五代两宋，几乎看不见外戚宦官的踪影（虽然蜀有宦官黄皓，西晋有外戚杨贾，但都不够典型）。反之，在西汉，则外戚上官氏、霍氏把持朝政，宦官弘恭、石显横行宫廷；在东汉，则外戚邓、窦、阎、梁互起互屠，宦官郑众、李润、江京、孙程、单超等狼狈相嬗；在唐代，则外戚杨氏权倾天下，宦官刘克明、鱼弘志、仇士良、田令孜、刘季述等任意弑立；在明代，外戚虽未作恶，而宦官王振、刘瑾、魏忠贤却掌握国家的大权；直到清末，还出现了一个有名的宦官李莲英。但在汉唐明清的全盛时代，虽有外戚宦官，但他们并不成为政治上的要人。

随着外戚宦官的登台，便到来了如上所述之小所有者的政治抗争，由此而把封建统治者内部的矛盾重新引渡到与农民间的矛盾，因而又展开新的农民叛乱。在农民叛乱以前，统治者集团内部的矛盾消解了。由此可知从宗藩的混战、外戚宦官的专政、小所有者的政治抗争到农民叛乱，这正是封建社会内部矛盾对立的转化过程。如果我们研究中国史而忽略这些过程，那我们就不能理解中国封建社会历史之特殊的内容。

八　在研究"内乱"时不要忘记了"外患"

研究中国史，我们必须注意到一个问题，即内外矛盾之转化的问题。

中国史上，几乎每一个王朝，都有边疆民族的侵入。边疆民族侵入决不是偶然的，而是中国社会内在的矛盾之外的转化。换言之，即由于中国社会内部的矛盾之发展乃至决裂而引起的内乱，提供边疆民族侵入以可能实现的客观条件。例如楚汉相持而匈奴遂坐大于漠北，八王混战而五胡遂入据中原，五代纷争而契丹遂席卷燕云，宋以和战意见不一而女真、鞑靼相继侵凌，终于颠覆，明以内剿"流寇"，而清兵遂长驱入关，竟陷灭亡。这样看来，"内乱"乃是"外患"的前提条件，而"外患"只不过是"内乱"的结果而已。

虽然，边疆民族的侵入，并不是完全为了主观地乘人之危，主要的还是为了经济的动机。历史的事实指示吾人：中国封建王朝的"外患"大半都在西北，这正是因为西北的自然条件比较恶劣，因而散布于西北的诸族，必须仰给于与中原地区之交换而取得其生活资料。但中原王朝发生"内乱"，由于战争的阻隔与政治的封锁，正常的交换关系因之断绝。为了获得生活资料，于是不能不采取直接的掠夺手段。同时，中原王朝在"内乱"中削弱了抵抗边疆民族的力量，因而又使边疆民族的侵入成为可能。

"内乱"不仅提供边疆民族以客观条件，而且在"内乱"中，中国的封建统治者为了相互火并或镇压"内乱"，往往主动地引进边疆民族。前者如在三国，则魏引匈奴以抗蜀，蜀引西羌以击魏。在西晋，则成都王颖引匈奴以抗王室，东嬴公腾引羯人以拒成都王颖。在唐，则李世民以突厥亡隋。在五代，则石敬瑭以燕云十六州赂契丹。后者如在唐，则僖宗以沙陀剿黄巢。在明，则吴三桂以清兵平"流寇"。这样"内乱"与"外患"合流了，经济的掠夺与政治的入侵打成一片了。

边疆民族侵入，虽然是一种外在的历史因素，但当其一旦侵入以后，便与中原地区的历史发生化学的作用。换言之，外的历史因素便转化为内的历史因素，而作用于中国社会经济机构之改变。在中国史上，历来的边疆民族，当其侵入中原以后，都以其氏族制的历史原理来改编中国封建制的社会经济组织。如北魏之"均田制"，辽之"头下军州"，金之"谋克"、"猛安"，元之"社田制"，清之"旗庄"，都是氏族制与封建制之混合组织，都是因边疆民族之侵入而引起的中国社会经济之变革。不过我们不能把不同时代的边疆民族在中国社会经济上所引起的变化，视同一律，因为即使各时代的边疆民族，处于同一历史水准，但他所加入的中原社会，却是不同的历史发展阶段上的社会。加入的对象不同，则其所起的变化，也当然不同。

以上是边疆民族侵入所引起之直接的影响，此外，还有间接的影响，如因五胡侵入而晋室南渡，于是中原的文化遂因此而广播于江南。因辽、金侵入而宋室南渡，于是长江流域的都市因此而获得长足的发展。它如因边疆民族之侵入而引起之血统的文化的交流，以及由此而引起之变革，这些都给予中国社会经济以影响作用。

总而言之，边疆民族的侵入对中原社会来说，虽然是外在的历史因素，但这种外在的因素却作用于中原社会经济的内在矛盾之转向，而且在其后来的发展中，这种外在的因素，又转化为内在的因素。这样看来，在历史上社会内在的矛盾可以转化为外在的矛盾，而外在的矛盾又

可以转化为内在的历史因素。必须明白这一点，才能理解中国史上的
"内乱"与"外患"。

九　应该从文化中找反映，但不要被他们迷住

适应社会经济的发展，意识诸形态也有其一贯发展的过程。意识诸
形态可以表现为文学、艺术、哲学、宗教等多样的形式。但不管它表现
为何种形式，它都是社会经济生活之反映。而且一经形成其体系，它都
反转来作用于当时及以后之社会经济发展。因此，我们研究中国史，也
应该注意考察意识诸形态之发展。

在中国史上，儒家哲学是中国封建社会经济基础上反映出来的一种
政治哲学，因而它是中国封建社会中的一条思想的主流。但当它一经形
成体系，它便不仅是消极地反映中国封建社会的内容，而是积极地作用
于中国封建社会之巩固。两千年来，儒家哲学都是中国封建政治的指导
原理，因而它随着中国封建政权之消长，而表现其高扬与消沉，最后则
随着中国封建社会经济之解体而走向没落。同时，为了适应于中国封建
社会之不同的历史发展阶段的要求，儒家哲学也不断地被赋予以新的解
释，如在汉则有马融郑玄的解释，在唐则有孔颖达的解释，在宋则有程
颢程颐以至朱熹的解释，在明则有王阳明的解释，到清初也还有孙夏峰
李二曲等对儒家哲学作了一个结束。随着国际资本主义的侵入，西欧民
主主义的哲学思想便代替儒家哲学而在中国获得支配的地位。但是因为
国际资本主义并没有完全征服中国的封建主义，所以儒家哲学至今还有
其影响作用。

在中国史上，宗教的发展也反映中国封建社会的发展步程。首先出
现于中国史上的宗教是带有原始性的道教。其次，适应于中国封建社会
的发展，佛教便出现为中国之支配的宗教。即因中国自发的资本主义被

帝国主义绞死于母孕，而走进半殖民地的历史命运，所以基督教在中国不能成为一尊的宗教，反之，道佛两教仍然有其托命之社会基础。

中国的宗教除道教是土生的宗教以外，都是外来的宗教。但只要是宗教，不论它是土生的抑或是外来的，它都尽了麻醉中国人民的历史任务。因而在原则上所有的宗教都具有反动的性质。但是在另一方面，道教、佛教乃至基督教当它成为人民之信仰以后，又都在中国尽了"革命"的任务。如汉末的黄巾是以道教为旗帜，元末的红巾，是以弥勒白莲教为旗帜，太平天国，是以基督教为旗帜。不过外来的宗教，要成为中国人民革命的旗帜，有一个必要的条件，即必须中国化以后。如元代的红巾用以为旗帜的弥勒白莲教，是中国化了的佛教，太平天国用以为旗帜的天父天兄，是中国化了的基督教。

中国的文学由古典的四言诗，而汉赋、唐诗、宋词、元曲，以至清代之传奇，表现其一系列的发展阶段，这样的发展，当然不是文学家天才的创造，而是中国封建社会经济之发展在文学上的反映，假如西周的四言诗是反映封建庄园经济之牧歌，则汉赋唐诗便是中国专制封建社会全盛时代之文学的形式。自宋以后，适应于都市经济的发展与新兴的自由商人之要求，文学也脱离了古典的形式而采取了通俗化的体裁。

随着社会的发展，新的事物不断的出现，同时人类对新的事物也有不断之新的认识。为了表现这些新的事物与对新的事物之新的认识，于是新的语汇也一天天的加多，据吾人所知，自汉晋以迄于唐代八百年间，随着佛教之输入，新添的语汇多至三万五千余，这些语汇或缀华语而别赋新义，如"真如"、"众生"、"果报"等；或存梵音而变为熟语，如"般若"、"刹那"、"由旬"等。这些新的语汇，对于文学之发展，当然是一个有力的基本因素。而这些新的语汇则是现实的历史发展之结果。

艺术是人类思维之具体的凝固，因而它的发展，也就是现实的社会经济之模写，从而艺术发展的形式，也就要受到现实的社会经济的内容的限制。例如中国的雕刻和绘画，自南北朝以至隋唐，随着中国封建社会之发展与佛教文化的输入，它们便一面服务于宫廷，一面服务于宗教。自宋以后随着都市经济的发展，它们便从天堂走到人间，从宫廷走到市场。

因此，我们研究中国史，必须要把那些从社会经济基础上蒸发出来的思维（如哲学、宗教）还原到它们的出发点，把那些由思维而再凝固为形象的东西（文学、绘画、雕刻等）再蒸发为思维。从这里找出它们对历史的反映，找出历史对它们的制限。但是我们要小心，不要被它们迷住；否则看风筝的人，就会跟着风筝飞上天呵！

（重庆《学习生活》第十卷第五期，1943年5月1日出版）

怎样研究中国历史

怎样研究中国历史，这个问题很大，但扼要地说来，就是立场、观点和思想方法的问题。

首先说到立场问题。

一个史学家站在什么立场来处理历史问题，这是历史研究的出发点。一般说来，阶级社会中的史学家总是站在剥削阶级的立场，把历史学当作辩护阶级支配和阶级剥削的工具，必要时甚至歪曲历史以引出其所需要的结论。在阶级社会中虽然也有少数具有正义感的史学家，他们在一定的程度内对剥削阶级的某种行为有时也采取批判的态度；但他们的批判必然要受到阶级性的限制。可以肯定地说超阶级的史学家实际上是不存在的。如果有人自命为超阶级的史学家，那只是为了隐蔽在这个名称下，更有效地来辩护阶级支配与剥削。也是可以肯定的，一个史学家如果站在剥削阶级的立场，是不能也不愿揭示历史真理的。能够揭示历史真理的只有无产阶级，因为只有无产阶级才能揭示历史发展的规律，给与历史以科学的说明，使历史科学与革命的实践相结合。

我们可以充分地指出，中国过去的史学家，最大多数是站在地主阶级的立场替封建主义服务的。贯彻着中国历史学中的正统主义的观点，就是辩护地主阶级的阶级支配和剥削的一种历史观点。所谓正统主义就是以帝王为中心的历史主义。照正统主义者看来，所谓历史，就是一个皇帝加一个皇帝，一个王朝加一个王朝，如果某一王朝被农民颠覆，便是历史中断，便需要有另外一个地主奋起草野，再建一个王朝来存亡继绝，恢复地主阶级的统治。总之，过去的史学家以为天下不可一日而无地主阶级的统治，因此如果有人企图颠覆或推翻地主阶级的统治，便被指为"盗"、为"贼"、为"匪"、为"寇"、为"叛逆"、为"妖人"，便被当作地主阶级的仇敌而遭受史学家的口诛笔伐。在相反的方面，他们把每一个爬上了宝座的地主都颂扬为神圣；把每一个辩护封建制度的理论家都颂扬为人类的师表；把每一个保卫封建制度的打手都颂扬为英雄豪杰。此外，他们又运用一种人道主义的言语，把封建社会粉饰为"王道盛世"。至于他们对于历史的创造者，世世代代的被压迫、被剥削和被奴役的人民群众，就好像没有看见。如果说在古典的历史著作中也可以看到一些有关人民群众的纪录，那除非这些人可以被利用为宣传封建道德的资料，例如孝子、烈女、节妇之类，或者可以被当作他们所谓"叛逆"的典型，用以警戒大众，例如农民革命的领导人物。

现在，地主阶级的统治已经最终地从中国史上消灭了，我们研究中国历史，应该站在劳动人民的立场，批判那种以帝王为中心的正统主义的历史观点，建立以劳动人民为中心的新的历史观点。我们要从中国历史上去发现劳动人民的历史创造，他们的发明与发现，他们反对封建剥削和压迫的革命斗争。这就是说，我们要研究劳动人民的生产的历史和阶级斗争的历史。自然，这不是说，我们就可以不研究封建统治阶级代表人物的历史，相反地，我们应该细心地去研究他们的历史，因为一部二十四史，最大部分都是封建统治阶级代表人物的传记，只有从这些人物传记的字里行间才能发掘出劳动人民的历史。而且作为一些个别的历史人物，封建统治阶级的某些杰出的代表人物在历史上也有他们一定的作用。

封建时代的中国史学家，不仅用正统主义辩护他们的阶级统治，并且用大汉族主义辩护他们的种族支配。他们把汉族描写为神明华胄，把居住在中国境内的其他种族或部族说成犬羊或虫豸的后裔，好像汉族是天生的文明种族，而其他种族或部族则是天生的落后种族或部族，从这里替汉族的封建统治阶级找到了征服中国境内其他各族人民的理论根据。

从春秋、战国以来，中国的史学家就产生了"内诸夏而外夷狄"的狭隘的种族主义思想，他们就强调"华、夷之别"，就宣传一种憎恶邻人的理论。他们宣称其他部族或种族为戎狄，把这些部族或种族比作豺狼封豕或禽兽。左闵元年传云："戎狄豺狼，不可厌也！"左襄四年传云："戎，禽兽也。"《国语·周语》中云："狄，封豕豺狼也。"又云："戎狄，冒没轻砭，贪而不让，其血气不治若禽兽焉。"像这样仇视和侮辱邻人的说教，很显然在客观上起了挑拨各族人民之间的仇恨的作用，便利了封建统治阶级发动侵略邻人的战争。

在过去的汉族的史学家看来，中国本部是汉族的禁脔，中国境内的其他部族或种族，都没有权利进入中国本部。因此，居住在蒙古草原的一些部族或种族只要跑进长城，就是"入寇"；居住在青海草原的一些部族或种族只要跑到陕、甘，就是"内犯"；居住在西南山岳地带的一些部族或种族只要从深山穷谷跑到平地，就是"作乱"。反之，当汉族的封建统治阶级南征北伐，去征服他的邻人，去向他的邻人进行武装掠夺的时候，地主阶级的史学家却说这是宣扬王化。诚然，当汉族统治阶级征服了其他邻近部族或种族地区时，也可能把汉族的进步的生产技术和文化带到被征服区域，打破其他部族或种族地区的原始闭关性，在客观上起着推动历史向前发展的作用；但这并不能改变战争之带有侵略和掠夺的性质，有时这种侵略和掠夺甚至替其他部族或种族带来了毁灭性的摧残。然而汉族的史学家往往用最动人的言语歌颂那些远征异域的冒险家，歌颂那些为了少数封建贵族、地主发财而使千百万劳动人民成为泥沙的侵略战争，歌颂封建贵族地主对邻近的部族或种族的野蛮的刀剑统治。

现在压迫和歧视少数民族的时代已经成了过去，我们应该批判那种站在大汉族主义的立场上所写的历史，要重新写著包括中国境内各族人民的历史在内的真正的中国历史。

为了写著这样的历史，首先我们应该把汉族历史的研究联系到中国境内各族人民的历史的研究。因为中国历史不只是汉族的历史，而是中国境内各族人民历史的总和。在研究中国境内各族人民历史时，固然应该承认汉族人民在中国历史的发展过程中所起的主导作用和所占的重大比重，不承认这一点是不对的；但同时也应该承认，不论汉族人民在中国历史的发展过程中起着怎样重要的主导作用和占有怎样大的比重，他们的历史也只能是中国历史的一个主要的组成部分而不能是全部。其次，我们应该根据具体的历史事实，对中国历史上的种族问题予以合理的说明，不应该站在大汉族主义的立场，把汉族在历史上的任何一次对外战争都加以歌颂，把其他各族的任何一次的武装暴动都说成是入寇或作乱。因为在汉族的对外战争中有些是带有侵略性质的，例如在汉唐时代的某些对外战争，就是为了侵占其他部族或种族的土地和财物并奴役其人民而进行的。反之，在其他各族的武装行动中，有些是为了反对汉族统治者的剥削和奴役的，例如东汉时羌人的武装暴动、西晋时匈奴人的起义、清代的某些地区的回民起义以及居住西南的诸部族或种族在历史上的很多次武装暴动，几乎都是为了反对汉族统治者的剥削、压迫和奴役。另一方面，我们也反对站在狭隘的种族主义的立场，把汉族的任何一次对外战争都说成侵略，把其他各族的武装行动都说成是革命。实际上，汉族在历史上所发动的对外战争，其中有些是为了自卫，例如宋代对契丹、女真和蒙古的战争都是为了自卫。在另一方面，某些部族或种族对汉族的武装袭击或进攻，其中也有些是侵略性的，例如辽、金、元之于宋，清之于明，都是侵略。总之，我们对于历史上汉族与其邻近各族之间的问题应该根据具体的史实，进行具体分析，不可一概而论。而且即便是侵略战争，也不应视为各族人民之间的敌对行为，应该指出这些侵略战争的发动者、组织者、指挥者是各族的统治阶级，至于各族人民之间，不但没有什么冤仇，而且自古以来就发展着兄弟般的友谊关系。

其次，说到观点问题。

所谓观点问题，就是对历史的看法或认识问题。一个史学家对历史的看法或认识，不是偶然的。他为什么要这样看而不那样看，要这样认识而不那样认识，这是被决定于史学家所属的阶级的。因为一个历史家对历史的看法和认识，就是反映这个史学家对现实世界的态度和愿望。换言之，就是史学家的阶级意识在历史学上的表现。

在阶级社会中，由于史学家的阶级属性不同，在历史学上也就出现了各种不同的历史观。但尽管有各种不同的历史观，归根到底总是贯彻着唯物主义与唯心主义两种敌对观点的斗争。

这几乎是一个决定的事实，只要是站在剥削阶级立场上的史学家，没有一个不反对唯物主义的。他们一听到唯物主义这个名词，就以为是大逆不道；反之，对于唯心主义，则认为是一种尽善至美的东西。这样的情形是不足为奇的，因为当剥削阶级为了要保持和巩固自己的统治的时候，他们的阶级利益就会限制他们对历史的正确认识，就会要求他们蒙蔽历史的真理，因为揭发了历史的真理对于他们的阶级支配是一种危险。恰恰相反，唯物主义者就正是要揭示历史发展的规律，并顺应历史发展的规律推动历史的发展。

可以这样说，中国古代的史学家几乎都是唯心主义者，他们写著历史的动机和目的就是为了发挥主观的观念，一部《春秋》就是用"微言"发挥作者主观观念中的所谓"大义"。有时为了发挥拥护等级服从的思想，甚至歪曲或涂改历史事实。例如《春秋》上把晋文公召见周天子的史实，写成"天子狩于河阳"，这就是歪曲历史的例子。作者之所以要这样写，为的是要得出这样一个结论，即君臣之义未尝动摇。又如春秋二百四十年间，鲁君被他的家臣杀死的有四人（隐、闵、子般、子恶），被杀死在外面的有一人（桓），而《春秋》不见其文，这就是涂改历史的例子。作者之所以要这样做，为的是要得出这样一个结论，即"鲁之君臣未尝相弑"（《礼记·明堂位》）。像这样的情形，简直是把历史当作史学家主观观念的注脚。不仅《春秋》的作者如此，其他古代史学家写著历史，也大抵都是为了发挥自己的主观观念，写成他们的"一家之言"。

也可以这样说，中国的古典的历史著作，几乎都贯串着唯心主义的观点。在这些历史著作中，对于任何历史事变，都不联系到当时的社会经济去给以说明，总是把这些历史事变归结于"卓越人物"的愿望。一部二十四史，其中触目惊心的巨像就是皇帝、圣人和英雄。在古代史学家看来，一部中国史好像没有什么现实的东西；如果也有历史的现实，那就是禹、汤、文、武、周公、孔子、程、朱、陆、王等一脉相传的道统，和秦皇、汉武以次的圣君贤相的雄图大略，一言以蔽之，就是这些

"卓越人物"的观念。

这种观念的系统，近代的唯心主义者称之曰"知识线"。他们以为历史上存在和发展的就是这条"知识线"。至于其他具体的历史事实，如经济生活、政治体制，都不过是观念的体现。因此，唯心主义的史学家一致强调历史上的"卓越人物"，好像任何历史事件都是按照"卓越人物"的愿望而实现出来的。例如西汉之远征西域，就是因为汉武帝好大喜功；郑和之七下西洋，就是因为明成祖要追捕建文帝；王莽改制，就是因为他想移汉祚；王安石变法，就是因为他急功好利；总之，他们以为不管在什么历史条件之下，"卓越人物"要想创造怎样的历史，就可以创造怎样的历史，换言之，"卓越人物"的观念是推动历史发展的唯一动力。

唯心主义者不仅把历史发展的动力归结为"卓越人物"的愿望，又把"卓越人物"的愿望归结为神的启示。贯彻在中国历史学中的天命论，便是唯心主义的最高发展。照天命论者说来，"卓越人物"都是带有神性的超人。打开二十四史一看，那些王朝的开创者几乎都是感天而生，应天而王。用现代的话说，这些王朝的开创者都是神、是圣、是上帝最宠爱的儿子被派到人间世界来统治劳动人民的，他们的行为都是上帝授意的。上帝通过谶纬、符瑞给他们以暗示，他们就按照上帝的暗示行动。这样说来，人类历史最终极的动力不存在于人类社会，而是要从神的启示中去寻找说明了。

这样的看法，当然是不正确的。应用唯物主义的观点来研究中国历史，我们首先就应该从中国史上撕去这种骗人的神秘主义的外衣，揭穿唯心主义者的阶级本质，正确地指出中国历史发展的动力不是"卓越人物"的愿望，更不是神的启示，而是社会经济。社会经济的结构是历史的真实基础。在历史上各时期的政治、法律、宗教、哲学及其他观念，归根到底都应该由社会经济来说明，因为政治、法律、宗教、哲学及其他观念都是社会经济的派生物，只要社会经济一有变动，它们或迟或早都要跟着变动。社会经济决定历史的发展，也决定它的转变。因此，我们研究历史，就必须研究历史上各时期的社会经济和它的变化，必须分析由这种变化而产生的历史过程和具体事件，而决不应该用偶然的因素、个人的作用乃至神的启示来代替因生产力和生产关系的变化而引起的历史过程的客观规律性。总而言之，我们应该把历史的动力归结于物质生活的生产，归结于生产这些物质生活资料的生产方式，归结于社会经济基础。

历史的发展，归根到底是社会经济演着决定的作用；但这不是说观念就毫无作用。唯物主义者从来不否认，而且承认观念形态对历史所起的反作用。唯物主义者认为各个历史时代的观念形态不仅消极地、被动地反映这个时代的社会经济情况，并且积极地、能动地反作用于这个时代的经济情况。因此，我们研究中国历史，不仅要根据物质的实践去说明观念形态，也要从观念形态中去寻找它们对社会经济所起的反作用。

其次，过去的中国历史学也贯彻着进化论的观点。所谓进化论，就是不承认历史上有阶级斗争、有革命，不承认社会发展过程中有质变，而是以为历史的发展只是和平的渐次的进化，即只有量的增加或扩大，没有质的突变。在进化论者看来，中国的历史就是殷因于夏礼，周因于殷礼，这样一代一代地因袭下去，古往今来只有王朝的更替，社会的本质并没有什么根本的变革。因此过去的史学家，他们都是按照朝代的先后断代为史，从来不提到而且反对提到社会性质问题、反对讨论历史阶段问题。

具体的中国历史已经证明了进化论的观点是错误的，因为中国的历史也通过了一系列的历史阶段，由原始公社而奴隶社会、封建社会，并且也曾孕育出资本主义的萌芽，如果没有帝国主义的侵入，中国也会自发地走上资本主义的道路。这些相续继起的社会都是在本质上不同的社会；而且从一个社会到另一个社会都不是和平进化，而是历史的突变、飞跃、革命。因此，我们研究中国历史，就要根据每一个历史时代的社会经济性质划分历史阶段，就要说明每一个历史阶段所特有的基本经济法则和与些相适应的阶级关系、政治制度乃至意识形态，就要说明从一个历史阶级发展到另一历史阶级的变革过程。

此外，在过去的中国历史学中，也贯彻着一种循环论的观点。孟子说："天下之生久矣，一治一乱。"司马迁说："三王之道若循环，终而复始。"这些说法，几乎成为过去中国史学家共同的观点。自从邹衍五德终始之说应用于中国历史学上以后，历史循环论更加定型化了。所谓五德就是金木水火土五行的别称，所谓五德终始就是五行循环。照过去史学家的说法，每一个王朝都是以五行之一为德而王，如秦以水德王、汉以火德王。中国的历史就是按照五行生克的秩序终而复始地打圈子，打了一个圈子，再打第二个圈子，这样一直循环下去以至于无穷。换句话说，中国的历史是不断地回到它的出发点。

必须指出，历史的发展决不是采取循环的道路，它是一个往前发展的过程，这个往前发展的过程不是一个圆圈，而是一个永远不回到出发点的螺旋纹。虽然在中国历史的发展中也有些局部的暂时的倒退现象，但整个的中国历史则是前进的。虽然在中国史上也有些类似重复的现象，但这些类似重复的现象是在不同的历史基础上出现的。因此，我们研究中国历史，就不应该夸大某些暂时性的倒退现象和在形式上看起来类似重复的现象，而是应该从千头万绪的复杂史实中，去揭示那条通过曲折歪斜的过程但始终是向前发展的道路。

最后，说到方法问题。

这里所谓方法是指辩证唯物主义而言，用辩证唯物主义的方法来研究中国历史和用其他的方法研究中国历史的基本不同之点，就是它的目的不仅是说明历史，而且是改变历史。

由于基本的出发点不同，由此而展开的研究方法也就不同。首先表现在它不把历史的研究停止在史料的搜集分类与排比，而是要分析史料，是要从史料的分析中总结出历史发展的规律，把历史发展的规律再投入现实的历史，作为无产阶级革命斗争的指导原则。

过去中国的史学家以为一个史学家的任务就在于把史料堆积起来，就在于用史料的堆积来表示自己的博学，而且以为只有把历史研究停止在史料的堆积，才算是历史学的正统。在当时如果有人对史料进行了一些分析，好像就是历史学上的异端。辩证唯物主义者也知道要做好历史研究，首先就是要掌握丰富的史料。因而搜集史料的工作是研究历史的基本工作。但不论如何，搜集史料只是替历史研究准备材料，并不是历史学的终极目的。大家都知道历史学的任务总不能就是编成一些史料汇抄，它应该是一种分析史料的科学。如果只是搜集一大堆史料而不进行分析或者没有能力进行分析，那么，这样的史料，除了供史学家的玩弄，任何用处也没有。

因此，用辩证唯物主义的方法研究中国历史，就应该学会分析史料，把史料变成历史。

和其他的方法不同，辩证唯物主义者不把他的历史研究停止在个别问题的吹嘘上，而是要把个别问题当作历史总体中的一个组成环节来研究，看出个别问题在历史总体中所占的比重、所起的作用、所能体现的历史内容或倾向。

过去中国的史学家，他们放着中国史上的许多震撼全国乃至震撼世界的历史大事变不闻不问，专门从中国史上挑选一些最偏僻、最微细，亦即最不关重要、最不能特征历史倾向的一些问题，把这些问题孤立起来，大吹大播，好像一个历史家的任务就在于吹嘘和玩弄这些愈小愈好的个别问题，就在于回避历史上的重要问题或关键性问题，就在于拒绝对历史的全面研究。

辩证唯物主义者并不反对把个别问题从历史的大联系中抽出来作精细而深入的研究，反之，我们提倡这样的研究，因为我们知道只有把个别问题进行精细、深入的研究，由此而综合出来的结论才能愈益接近于正确。但是我们以为这种被选出来作为研究题目的个别问题，必须是重要的或者比较重要的问题，即通过这类个别问题的研究可以显示历史发展的倾向，最少可以说明某一重要史实的某一侧面。而且我们以为即使是研究这一类的个别问题，也不应割断这类问题与历史总体的联系，因为任何个别的历史问题，如果从历史的大联系中孤立出来，就无法说明它在历史总体中所起的作用，也无法说明这个个别问题的本身。

因此，用辩证唯物主义来研究中国历史，就应该学会从历史上选择重要的关键性的问题，并把这些问题联系到历史的全面发展去进行研究。

和其他的方法不同，辩证唯物主义者不把他的历史研究停止在历史现象的表面，而是要从历史的表面现象的背后去发掘构成这些表面现象的基本东西，即社会经济结构，再用这种基本的东西去说明表面的现象。

过去的中国史学家以为历史家的任务就在于毫无遗漏地记述这些历史上的表面现象，如内乱、外患、党争等等的发展过程，至于这些内乱、外患、党争为什么发生、发展，那好像就不是历史学应该回答的问题。换言之，他们以为历史学的任务只是叙述历史的演变，并不说明历史为什么要这样演变。

辩证唯物主义者以为历史学的主要任务不仅是要叙述"怎么样"，而且要说明"为什么"。因此，辩证唯物主义者反对毫无原则地铺陈现象、夸张现象，他们主张要给与这些现象以本质的说明，即把目光透过现象去寻找它们的根源。例如我们研究某一时代的历史，首先应该考察的不是皇帝们的宫廷生活、贵族的姻娅关系，而是这一时代的生产力与生产关系以及因为生产力与生产关系的变化而引起的历史的变革，因为生产力与生产关系是表征社会性质的重要标志。只有根据生产力与生产关系，然后才能对于某一时代的政治现象、文化思想以及一切复杂纷乱的历史现象给与正确的本质的说明。

因此，用辩证唯物主义来研究中国历史，便要学会从历史现象背后寻找本质的方法。

和其他的方法不同，辩证唯物主义者不隐蔽历史上的阶级斗争，并且要公然地、坚决地站在无产阶级的立场，去揭发历史上的阶级斗争以及因阶级斗争而引起的社会变革。

过去的中国史学家根本不承认中国历史上有阶级，更不承认有阶级斗争，在他们看来，中国历史上的农民战争不是由于阶级的对抗，而是由于几个好乱成性的"盗贼"或"妖人"煽动起来的。但是具体的史实却证明了中国历史上也有奴隶与奴隶主的斗争、农民与封建地主的斗争，一直到现在，中国的工人阶级和农民阶级还在为了消灭残余的官僚资产阶级与地主阶级而进行着斗争。

因此，我们研究中国历史，就必须把中国历史上的人物及其行动归纳到他所属的阶级予以说明。毛主席说："在阶级社会中，每一个人都在一定的阶级地位中生活，各种思想无不打上阶级的烙印。"[①]这就是说，在阶级社会中任何个人都要隶属于一定的阶级，因而任何个人的行动也必然是阶级行动的一部分。

在封建社会内，最主要的阶级矛盾是地主阶级与农民阶级之间的矛盾。除此以外，还有次要的矛盾，即封建统治阶级内部的矛盾，例如东晋时代，同一地主阶级中，有北方流亡地主与南方土著地主之间的矛盾；同一北方流亡地主阶级之中，又有中央派与地方派之间的矛盾。因

---

① 《毛泽东选集》第一卷，人民出版社，1952年第二版，第272页。

此，当我们分析阶级关系时，就必须记着毛主席的教训，注意去区别主要的矛盾和次要的矛盾。

同时，矛盾也不是固定的，而是在不断的变化中发展着。例如西晋的历史，就充分地表现了矛盾的转化过程；最初统治阶级内部的矛盾（八王之乱）是主要的矛盾。以后统治阶级内部的矛盾退到次要的地位，敌对阶级间的矛盾（流人暴动）上升为主要的矛盾。最后敌对阶级间的矛盾又退到次要的地位，种族间的矛盾（永嘉之乱）上升为主要的矛盾。因此，当我们分析阶级关系时，就必须记住毛主席的教训，注意矛盾的发展和转化。

总之，用辩证唯物主义来研究中国历史，就要学会从阶级矛盾中去寻找历史的变革。

（《新建设》第三卷第二期，1950年11月）

再论中国历史研究

去年十一月，我在《新建设》第三卷第二期发表了一篇《怎样研究中国历史》的论文，在这篇论文中，我提出了三个问题，即研究中国历史的立场、观点和方法问题。最近《新建设》的编者寄给我一篇刘晴先生的文章，对于我的那篇论文提出了很多意见，归纳起来，约有五点。现在依次答复如下：

一，无产阶级能不能揭示历史真理？

刘晴先生对我的第一个批判，是反对我所说的"能够揭示历史真理的只有无产阶级"这句话。他以为剥削阶级固然不能揭示历史真理，无产阶级也不能揭示历史真理，能够揭示历史真理的是"站在无产阶级立场"的马克思。显然刘晴先生是要把马克思主义和无产阶级分家，把无产阶级的革命导师马克思说成不是无产阶级而只是站在无产阶级的立场的一个学者，以此来证明能够揭示历史真理的既不是剥削阶级，也不是无产阶级，而是剥削阶级与无产阶级之间的中间阶级。

我不能同意刘晴先生的这种意见，并且反对这种意见。谁都知道，马克思主义不是资产阶级的学说，也不是小资产阶级的学说，而是无产阶级的学说，马克思主义是在无产阶级革命斗争的基础上、在全世界无产阶级革命经验与革命思潮的精确的总结和估计上产生的。没有革命的无产阶级，便没有马克思主义。马克思主义和无产阶级及无产阶级革命是分不开的。刘晴先生担心怕我把马克思主义消解在无产阶级之中，难道还希望把马克思主义放在无产阶级之外吗？

二，可不可以假设中国境内没有少数民族？

刘晴先生对我的第二个批判，是说我在说到大汉族主义时没有提到中国史与世界史的关联。他的理由是："假使从已往到现在，中国境内只有汉族这一个民族，而其他少数民族都不处于中国境内而处于境外的话，那我们今天研究中国史就不用研究在我们中国境外的各少数民族的历史了吗？"因此，他以为疏忽了他的这一假设，就是"用形式逻辑的分割的大刀"把中国历史一下子割死了。

在这里，我要着重地指出刘晴先生的这种假设是不能成立的。大家都知道，历史科学是具体性的科学，研究历史必须根据具体的史实而不是根据任意的假设，具体的中国历史很明白地告诉我们在中国这个地理领域内，除了汉族以外，自古以来就分布着许多其他的部族或种族，一直到现在还是存在着许多少数民族，怎么能而且为什么要把这些过去曾经处于中国境内而现在依然处在中国境内各族人民假定为处在中国境外呢？如果把历史上曾经存在的事实都任意用假定来加以改变，那么根据具体史实总结出来的任何历史真理都可以推翻了。

是的，研究中国史要注意中国史与世界史的关联，但在批评大汉族主义和狭隘的种族主义或民族主义的历史观点时，实在没有必要说到这个问题，如果在这里说到这个问题，那就是节外生枝，文不对题。

三，可不可以假设中国以往没有淫靡无度的帝王将相？

刘晴先生对我的第三个批判，是反对我所说的"社会经济的结构是历史的真实基础"的说法，虽然他也承认我曾经说过唯物主义者从来不忽视观念形态对历史的反作用，又承认我曾经说过应该精细地研究统治阶级代表人物的历史，因为只有从统治阶级代表人物的历史中才能发掘出劳动人民的历史。但他仍然认为我对个人在历史上所引起的"严重作用"和"意义"不够强调。

为了证明个人在历史上所引起的"严重作用"，刘晴先生在这里又作了一个假设。他说："推之，以至于我们中国以往如没有那些不想社会经济如何发展，而只想破坏、只想淫靡无度的许多封建帝王将相以及没有民族间的相互掠夺而引起的征服反征服侵略反侵略的战争，就是有个别决定因素决定社会发展的迟缓，但也不致使中国封建经济延缓在封建社会上这么长。"因此，他以为如果不强调个人在历史上的"严重作用"，"就不能明白中国革命的历史特点，当然也谈不到历史学与革命的实践相结合"，也就要"流入客观的宿命论的历史观上去了"。

在这里，我又要指出刘晴先生这一假设也是不能成立的。大家都知道，封建社会之所以为封建社会，主要地是由于存在着地主阶级对农民阶级的剥削，也是由于存在着像刘晴先生所说的这一类"不想社会经济如何发展，而只想破坏、只想淫靡无度的许多封建帝王将相"，又是由于存在着像刘晴先生所说的各"民族间的相互掠夺而引起的征服反征服、侵略反侵略的战争"。怎么能而且为什么要把这些本来存在过的"帝王将相"和"各民族间的——正确地说各部族或种族间的——相互掠夺的战争"都假设为不存在呢？如果照刘晴先生的办法把历史上曾经存在的帝王将相和各部族或种族间的相互掠夺的战争都任意假定为不存在，那么不但封建社会可以缩短，而且根本就没有封建社会了。

其次，我要指出：帝王将相以及各部族或种族间的相互掠夺的战争之存在于封建社会，不是中国历史的特点而是世界史上一般的现象，因而不能让刘晴先生引以为中国封建社会迟滞的原因。试问在世界史上有哪一个民族在它的封建社会历史中没有帝王将相，没有和它邻近的部族或种族间进行过相互掠夺的战争呢？

第三，刘晴先生以为不强调个人在历史上的"严重作用"就不能明白"中国革命的历史特点"，好像中国革命的历史特点，就是个人的"严重作用"。我们承认中国革命有它的历史特点，我们也承认某些杰出的个人在中国革命运动或斗争中有他们的一定的作用，但不能因此就得出刘晴先生的结论说中国革命的历史特点是个人的"严重作用"。中国的革命有它的历史特点，但不是个人的"严重作用"而是它的特殊的历史条件和社会经济条件，而且不论这些条件如何特殊，而中国的革命也和世界其他各国的革命一样，不是几个个人的主观愿望的实现，而是社会经济发展的必然结果。在社会经济的发展尚没有达到需要革命的时候，人民群众就不会提出革命的要求，如果人民群众没有提出革命的要求，任何杰出的个人也不可能凭着他的主观的热情或愿望煽动出一个革命来。而且个人在革命运动中的作用也不是中国革命独有的历史特点，在任何其他国家的革命运动中，也必然涌现出一些杰出的个人成为革命的组织者、领导者，但杰出的个人在历史上所起的作用，不论如何"严重"，都是要受着客观条件的限制的，即他们只是也只能是在符合于社会经济的发展倾向和人民群众的革命要求的情况之下，才能发挥他们的作用，而不能像刘晴先生所期望的他们可以为所欲为。

四，辩证唯物主义是不是只许空谈不许应用？

刘晴先生对我的第四个批判，是反对我在我的论文中不谈方法的本体，只谈方法的应用。他的意思是如果谈到唯物辩证法，就只能谈这个方法的本体，如论理学、认识论等等。假使不谈方法论的本体而只谈方法论的应用，在刘晴先生看来，那就是"庸俗唯物论，是机械论"，那他就"敢保不是辩证唯物论"、"敢保不是唯物辩证法"，而且他就以为不如"直接提出要应用黑格尔的辩证法"，甚至就是"资产阶级想要湮没无产阶级哲学的革命的本质的一种企图而已"。

刘晴先生所持的理由是：马克思的辩证唯物主义是一个有机结合的整体，不可分割，为了说明这一点，他抄了艾思奇同志《新哲学大纲》上转引的列宁的一段话："马克思虽然没有留下论理学，却留下了《资本论》的论理学，并且可以充分利用它去应付当前发生的问题。在《资本论》中，论理学、辩证法及认识论是当作同一个科学来应用的。"

在这里，我首先要指出刘晴先生引用的这一段话，不但不能证明马克思曾经禁止人们把他所发明的唯物辩证法应用到历史问题的分析，恰恰相反，这段话是说马克思没有留下一本专门谈论理学、辩证法及认识论等方法论的书，他的论理学、辩证法及认识论是留在他所著的《资本论》一书之中。这就是说，马克思并不是一谈到方法论就是连篇累牍的论理学、认识论一全套教条、公式，而是把他所创立的唯物辩证法应用于资本主义社会经济的分析。

然而刘晴先生却认为一谈到辩证唯物主义的应用，就不是辩证唯物主义，甚至就是"资产阶级想要湮没无产阶级哲学的革命的本质的一种企图"，这真是闻所未闻的奇谈。谁都知道，如果资产阶级真想"湮没无产阶级哲学的革命的本质"，他们决不会把无产阶级的哲学从理论提高到应用的阶段，而是希望唯物辩证法永远停止在刘晴先生所主张的教条主义的阶段。

五，矛盾是固定的、孤立的，还是变动的、相互影响的？

刘晴先生对我的第五个批判，是反对我所说的"阶级矛盾不是固定的，而是在不断的变化中发展着的"这样的说法。

刘晴先生对矛盾的看法是这样的：

> 统治阶级内部的矛盾是统治阶级内部的矛盾，敌对阶级间的矛盾是敌对阶级间的矛盾，而种族间的矛盾又只是种族间的矛盾。
>
> 敌对阶级间的矛盾不是由统治阶级内部的矛盾所引发，而种族间的矛盾又更不是由敌对阶级间的矛盾所转化。
>
> 统治阶级内部的矛盾，是该统治阶级在形成或团结成为该阶级时就有统治阶级内部的矛盾，而敌对阶级间的矛盾，是该阶级社会在形成的同时就有这敌对阶级间的矛盾，至于种族间的矛盾，又是该时各种族间所素有。

总括刘晴先生的意见，各种矛盾都是僵死的、固定不变的、没有发展的，而且是孤立的、彼此绝缘的、不能互相影响的。因而他就做出了这样的结论，即各种矛盾"谁也不能转化谁，谁也不能决定谁"。

矛盾是不是"谁也不能决定谁"呢？我以为是可以的。因为在任何时代总有一种矛盾是主要的矛盾，这种主要的矛盾就是决定一切矛盾的矛盾。例如在奴隶社会，奴隶阶级与奴隶主阶级的矛盾是主要的矛盾；在封建社会，农民阶级与地主阶级的矛盾是主要矛盾；在资本主义社会，无产阶级与资产阶级的矛盾是主要的矛盾。除了这种主要矛盾以外，在各个历史阶段都有一些次要的矛盾，但主要的矛盾是决定一切矛盾的矛盾。

矛盾是不是"谁也不能引发谁"呢？我以为是可以的。因为矛盾与矛盾之间并没有一堵高墙隔着，而是相互交错着、关联着的，一种矛盾的决裂就会影响或牵动其他的矛盾。刘晴先生也承认："由于八王之乱对于社会存在、社会经济的影响，因而使敌对阶级间的矛盾更尖锐化起来，终于演成敌对阶级间的公开斗争的所谓流人暴动"。同时刘晴先生又承认西晋末种族间的矛盾，"是由于统治阶级内部矛盾的公开斗争的八王相攻，贪一时便宜借外力进行内战的利用所引起"。是的，在刘先生看来，那些被引发的矛盾原来是存在的，不过由隐伏的状态变成公开的斗争而已。但是它为什么会由隐伏而变成公开呢？这就是受了别种矛盾的影响，被别种矛盾所引发。

矛盾是不是"谁也不能转化谁"呢？我以为是可以的。例如当农民战争爆发、敌对阶级间的矛盾激化时，统治阶级内部即使有矛盾，但为了镇压共同的阶级敌人也往往获得暂时的妥协，甚至不惜和与它处于敌对状态中的邻近的种族妥协，并假借这种邻近种族的力量来剿灭本族的农民革命。又如当游牧部族或种族入侵、种族矛盾激化时，敌对阶级间的矛盾往往在种族国家的危机之前退到次要的地位，而使主要的矛盾斗争转向种族之间。像这样从一种矛盾斗争转化为另一种矛盾斗争的例子，在中国历史上是屡见不鲜的。

总之，不论阶级矛盾或种族矛盾都是变动的，因为阶级矛盾是反映阶级关系，种族矛盾是反映种族关系。历史上没有不变的阶级关系，也没有不变的种族关系，因而也就没有不变的阶级矛盾和不变的种族矛盾。同时，不论是阶级矛盾或种族矛盾，都是相互交错、相互影响的。例如：在南北朝时代的北朝，种族矛盾与阶级矛盾就是混在一起，从种族方面看，汉人与鲜卑人有矛盾；从阶级方面看，汉族的农民与鲜卑族的农民是矛盾的一面，鲜卑族的地主与汉族的地主是矛盾的另一面；怎么能把阶级矛盾和种族矛盾截然划开呢？

（《新建设》第三卷第六期，1951年3月）

评实验主义的中国历史观

一 被杜威"牵着鼻子走了"

实验主义是以极粗浅的形式逻辑为基础的玄学，乘着哲学的贫困时代而出现于资本主义世界。"他是独立战争后美国社会经济发展的一种产物，亦即这个阶级庞大的蒸蒸日上的权力意识和企业精神的一种表现。这个阶级在实践上，既不受一切封建残余的妨害，在理论上，又不受一切形而上学成见的羁绊，便把他的福音：'无顾忌的蓄积'插入实际中。"据詹母士说："我们的观念是'工作的假设'产生于对效果的信仰。但从'对效果的信仰'到'信仰的效果'观，只有一步路"，所以"他的实验主义——这种主义用真实不虚的美国无顾忌式的态度,表现于一切理论的问题中——流于神秘。因此宗教感情的满足,必定构成企业的一个部分,这里也是美国生活中最高技术经济发展和最大的宗教欺骗特别汇合的真实图形",所以实验主义的方法"一开始就成了抽象,把他们从可感觉的诸物中抽摄出来,后来却又希望从感觉上来认识他们,希望看到时间,嗅到空间,经验者已被他们用惯了的经济论的实验所迷着了"。

由于实验主义之庸俗的思想方法,颇能适合于一般市侩的精神水平,所以他曾经一时传布于世界的各地。在德国则以谢勒的人本主义、马赫的经验批判主义出现,在美国则以杜威的应用主义出现。然而不幸在半封建半殖民地的中国,也被硬搬进来了,这就是胡适等所宣扬的实验主义。

在五四运动中,胡适及其流派,他们乘着中国封建势力的崩溃与民主主义革命的高潮,便开始以市民代言人的资格而立于思想斗争的前线。他们一面对于还正在与他们直接斗争的封建思想,作正面的批判;另一面,对于真正在兴起中的社会主义思潮拼命的打击,而积极地鼓吹资本主义合理的资本家的精神。他们毫无批判地打击中国古典圣经贤传,以为这些如果不是伪造,便是封建的残渣。实际上,在儒教的学说中,也不是完全没有积极的成分,值得中国的市民去承继和发展的。固然市民的文化,是以否定封建主义的文化而产生出来,但所谓否定,不是完全的消灭,用武断的方法,把孔子抛到海里去。而是把被否定的诸要素中的积极的东西保存着并发展它,当作新的东西之发展的契机;而是从被否定的东西中找出肯定的东西来,即使否定的东西与肯定的东西获得辩证的统一。然而实验主义者,却想以毁灭中国两三千年来封建文化中的一切积极的成就,而赤手空拳凭空建立中国的文化,这是非常可怜的愚笨。至于他们对于科学社会主义,则完全采取污蔑的态度,他说："辩证法出于黑格尔的哲学，是生物进化论成立以前的玄学方法。"不错，黑格尔的辩证法是观念论的、玄学的方法，也就是说被歪曲成畸形的辩证法。但卡尔却拒绝了和放弃了他的空虚体系，加以全部的改造为新的正相反的唯物辩证法。不错，黑格尔的辩证法是卡尔革命的唯物辩证法源泉之一，但也仅是源泉之一，卡尔的唯物辩证法，是人类文化在19世纪分成德国哲学，英国经济学和法国社会主义而创作出来的这些优良的东西之正当的综合与发展。然而这又是实验主义者所不知道或不愿知道的。胡适左右开弓之后，于是不能不离开"学者"的态度，向青年这样说：

> 从前禅宗和尚曾说："菩提达摩东来，只要寻一个不受惑的人。我这里千言万语，也只是要教一个不受人惑的方法"。被孔丘朱熹牵着鼻子走，固然不算高明，被马克思列宁……牵着鼻子走，也算不得好汉。我自己决不牵着谁的鼻子走。我只希望尽我微薄的能力，教我的少年朋友们学一防身的本领，努力做一个不受人惑的人。

很显然地，当胡适说这段话时，他自己已经被杜威牵着鼻子走了。

二　历史是"百依百顺的女孩"吗

实验主义对于人类历史发展的认识，完全是观念论中的主观主义。他以为客观的实在性是人类主观的空想之反映。胡适说：历史好比"一百个大钱，他可以摆成两座五十的，也可以摆成四座二十五的，也可以摆成十座十个"①。又说："总而言之，实在是我们自己改造过来的实在，这个实在里含有无数人造的分子，实在是一个很服从的女孩子，他百依百顺的由我们替他涂抹起来，装扮起来。'实在是好比一块大理石到了我们手里，由我们雕成甚么像'。宇宙是经过我们自己创造的功夫的，无论知识的生活或行为的生活我们都是创造的。实在的名的一部分，和实在的一部分，都有我们参加的分子"②。

在这里，实验主义者，不但不承认历史的发展有着客观的规律性，而且不承认有现实的历史，在他们看来，历史只是人类的主观观念之反映，历史是依照主观观念的目的而显现其形象。一切客观的实在，都是被动的，只有主观的观念、意欲、神，才是主动的。客观的实在是一种可以任意摆布的"大钱"，可以任意装饰的"百依百顺的女孩"，可以任意雕刻的"大理石"；人类可以用主观的观念，任意改变他们的形象。总而言之，历史是"一幅未完的草稿"留给实验主义者以"涂改的大权"。这样，胡适便可以运用其自由意志，观念，创造适合于其自己脾胃的中国历史。

然而我们知道，历史首先是现实的人类生活之发展。而这种历史的实在性，是离开人类意识而客观地存在着的，不是人类的主观观念决定他的发展倾向，而是他的发展倾向决定人类的主观观念。固然人类可以创造历史，但人类不能依照其自己的意愿创造历史，而只能顺应历史之客观的倾向创造历史。只有当私有财产发生以后，希腊罗马氏族贵族才能创造古代的奴隶国家，只有当奴隶制经济崩溃的时候，日耳曼人才能在欧洲创造封建的国家，只有在商业资本转向工业资本的历史条件之下，近代欧洲的市民才能建立其阶级的统治，又只有在资本主义崩溃的

---

① 《胡适文存》卷二，第440页。

② 《胡适文存》卷二，第440页。

今日，社会主义革命与殖民地的民族革命，才有现实的可能性。诚如胡适所云：历史是一幅未完的草稿，但是这幅草稿，是几千年来历史上无数人类在其生活斗争中创造出来的，而这种现实的生活斗争内容与形式，又是被规定于客观的历史条件。因此过去的历史是千百万人世世代代的实际行动所创造的，今后的历史，也仍然是如此。而人类之历史行动又是被制约于历史发展之客观的规律。日本法西斯何尝不想创造一个"东亚大帝国"的历史，中国的汉奸汪精卫何尝不想创造一幅亡国灭种的历史，但在客观上却碰着了各资本主义国家间的矛盾，碰着了中国人民大众的坚强抗战。当初希特勒以及一些国际阴谋家，又何尝不想把"第三帝国"的疆域扩展到乌克兰，但却遇着了苏联强大的红军，而不能不反戈以向英法。这一些现实的活的历史，说明了历史是非常执拗的，他决不是实验主义者眼中的"大钱"……他常常与人们的主观意识，走到相反的方向。主观的观念，不但不能创造现实的历史，而且他本身也是历史的创造物。历史之客观发展的规律性，规定着人类的物质生活，也规定着人类的精神生活。不是孔丘朱熹的思想创造了封建社会，而是封建社会创造了孔丘朱熹的思想；不是马克思、列宁的思想，煽动了社会革命，而是已经成熟了的社会革命的历史基础创造出马克思、列宁的思想。同样，不是民族解放的思想煽起了民族革命的战争，而是在民族革命的历史的必然形势下，反映出民族解放的思想。就是实验主义的本身，也是资本主义向上发展时代的历史基础上所产出来的一种市民层唯利是图的意识形态。中国的实验主义者从詹母士学得了一些最简单的知识之操纵，就想借此武断中国的历史，这是非常可笑的。

三　关于"一点一滴的进步"

实验主义的历史观是陈旧的进化论。胡适说："哲学是守旧的东西，这60年来哲学所用的'进化'观念，仍旧是黑格尔的进化观念，不是达尔文的物种由来的进化观念，到了实验主义一派的哲学家，方才把达尔文一派的进化观念拿到哲学上来应用，拿来批评哲学上的重要问题，拿来讨论真理，拿来研究道德。进化观念在哲学上应用的结果，便发生了一种'历史的态度'。怎样叫做'历史的态度'呢？这就是研究事物如何发生，怎样来的，怎样的到现在的样子，这就是'历史的态度'。……这便是实验的一个重要的元素"[①]。因此他得出如下的结论："实验主义只承认那一点一滴的做到的进步，——步步有智慧的指导，步步有自动的事实——才是真进化。"[②]

在这里，我们对于实验主义与达尔文学说有没有血统关系，这一点姑且不论，我们所要研究的，是实验主义者为甚么要抹杀达尔文学说中的物种突变论而强调其进化论这一点。很显然地他们是要借此否定人类社会之历史发展中的革命事实之存在。他们以为人类社会是永远在和平进化中发展着，人类社会就是在同质的社会经济基础上的伸延与发展，从古到今没有质的突变。从今往后，也不会有质的突变。历史学的任务就是研究这个社会怎样一点一滴的和平的进化到了现在。而且也就只准到"现在"为止，对于历史之未来的发展倾向，是不许研究的。这样，历史在实验主义的眼中，便变成了一片灰色的云雾，太古的历史与现在的历史，只有量的扩大，没有质的差异了。然而我们知道，所谓发展，无论在自然界或人类社会的历史中，都不仅仅是量的增大或延续，只要达到一定的发展阶段，在一定的条件之下，原来的东西就会失去其以前的质，而在新质上面成了另外的新的东西。就因为如此，所以历史的发展，不能意味着是一个绝对连续的；因为由一质到另一质的转变，却不

---

① 《胡适文存》卷二，第416页。

② 《胡适文存》卷二，第535页。

是连续的进化，而是飞跃，是历史过程的连续性之中断。仅仅承认连续性的和平进化，就等于否认历史的变革性，否认革命。然而在现实的历史中，这种变革或革命是存在着的。在现实的历史上，的确有着各种不同性质的社会，氏族社会，古代社会，封建社会，资本主义社会以及社会主义社会，这些社会他们虽然是一个跟着一个发生出来，但是他们却各自具有其独有的特殊的性质，他们表示着人类历史发展的特殊阶段，也就是人类历史发展的具体形式。中国的实验主义者则主张用和平进化来代替革命突变。

　　为了圆满其历史不变性的主张，胡适又这样说："无论是自然的演变，或是人为的选择，都由于一点一滴的变异，所以一种很复杂的现象，决没有一个简单的目的地可以一步跳到，更不会有一步跳到之后，可以一成不变"。在这里胡适只承认由量到量的变异，——"一点一滴的变异"是量的变异；他不知道这种变异，不能永远继续下去，只要达到一定的程度，他就会表现为质的变异。例如：在资本主义社会的任何一种可能的量的成长条件之下，他决不能把社会主义的生产关系产生出来。然而只要资本主义发展到一定的程度，他必然会发生一种革命的突变，使资本主义一点一滴的连续发展中断，而变质为社会主义社会。而这一个简单的目的地，也不是一步跳到的，而是资本主义社会中一点一滴的长期发展所准备的。并且也不是一步跳到之后，就一成不变，在苏联社会主义社会中，他也有其发展的规律。由战时共产主义、新经济政策到五年计划经济时代，他也经过了一系列之发展阶段，而且在继续向前的发展之中。实验主义者总想把历史停止在资本主义社会之上，因而不能不否认历史的突变，但是这与现实的历史并不相干。目前的世界史，却正走向一个伟大的突变的时代。同样只有汪精卫等汉奸，才主张中国可能以和平进化的方式走到独立自由的历史，而全中国的人民则正在以革命战争争取中国历史之新的转向，从半封建半殖民地国家转向为独立自由的新中国。这在实验主义者看来，岂不又违反了达尔文进化论的规律吗？

四 所谓"祖孙的方法"

我们现在说到实验主义的历史方法，关于这一点，胡适说得很明白。他说：

> 历史的方法——"祖孙的方法"，他从来不把一个制度或学说看作一个孤立的东西，总把他看作一个中段：一头是他所以发生的原因，一头是他自己发生的效果；上头有他的祖父，下面有他的子孙。捉住了这两头，他再也逃不去了，这个方法的应用，一方面是很忠厚宽恕的，因为他处处指出一个制度或学说所以发生的原因，指出他的历史的背景，故能了解他在历史上所占的地位与价值，故不致有过分的苛责。一方面这个方法，又是最厉害的，最带有革命性质的，因为他处处拿一个学说或制度所发生的结果来评判他本身的价值。故最公平，又最厉害。这种方法，是一切带有评判精神的运动的一个重要武器。[①]

从这里，我们可以看出实验主义的历史方法论，就是因果律论，他们以为只要抓着一个事实的因果，则这个事实就会自明了。因此"明因求果"，就是实验主义历史方法论之精髓。

但是我们知道，历史中的一切事实，一切运动都是相互联结着相互制约着的。历史中存在着客观的规律性，也存在着普遍的交互作用。一

---

① 《胡适文存》卷二，第534页。

定的现象，在一定的条件下会产生别的现象。这种现象的继起，就引起了因果性的表象或诸因果性的因果连锁的表象的变动。先行的现象叫做原因，继起的现象才叫做结果。但是因果性之比较完全的证明，只有在一定的条件之下，使一定的现象再产生出来的时候才能得到。因此我们从原因与结果考察某一现象时，把个别的现象从一般的联系中相对地孤立出来，是不可免的，但同时不应忘记这些因果关系之相互的联系，然后，我们才能真正地理解这些个别的历史现象。然而实验主义者所谓因果律是没有看见各现象的整个联结及其交互作用的。他们观察事物时，只认为作为原因看的某种现象之后，常常一定会继续发生一个作为结果看的不变的同一现象。在实验主义者看来，原因与结果间，只有一种外在的孤立的一次的关系，原因不能成为结果，结果不能成为原因，他们不理解历史现象之整个性与复杂性，他们把因果性当作规律性的唯一形式。他们就用着这样的方法去片面地，零碎地，孤立地去解释历史上的诸现象，从而历史在他们眼前，便变为"断烂朝报"。虽然每一历史现象都有其自己之原因与结果，但这一现象与另一现象便是各不相关。每一现象都各有其原因与结果，因而每一现象都各自孤立存在着，这就是实验主义的"又公平又厉害"的"祖孙方法"。

然而即使这样一种粗淡的方法，中国的实验主义者也没有应用起来。胡适的《中国哲学史大纲》，总算是实验主义之实验。但是他的中国哲学史，是劈空从天上掉下来一个孔子替他揭幕，而秦始皇的焚书，替他收场的。他既没有从古代世界找出中国哲学的祖父，也没有从秦火灰中发掘出中国哲学的子孙，他没有"捉住两头"，反之，他是捉住了一个"中段"而溜其两头。他把中国哲学史斩头刖足，这样的方法，我以为只有"厉害"，而并不"忠厚"。

但是实际上，中国历史开始的地方，思想的进程也应随之开始。同样，中国历史继续前进的时候，思想也决不会中断。所谓哲学，不过是人类思维之表现的形式。而人类的思维，则是具体的客观历史的反映。胡适一面承认在孔子之前，中国历史上有个传说时代，然而他却不承认这个传说时代有哲学。他用"无信不征"四个大字，一笔勾销了中国历史上的原始共产社会乃至奴隶社会。同时，又利用秦始皇焚书的大火，把中国的哲学史结束了。这样中国哲学的"前因后果"在那里？他变成了一个前无祖先，后无子孙的神奇的东西了。

五　"这正是抬高个人的重要"

最后实验主义者在历史中极端强调"个人"的作用，而否认"大众"之历史的创造作用。胡适说：

> 个人吐一口痰在地上，也许可以毁灭一村一族。他起一个念头，也许可以起几十年的血战。他也许"一言可以兴邦，一言可以丧邦。……"古人说："一出言而不敢忘父母，一举足而不敢忘父母"。我们应该说："说一句话不敢忘这句话的社会影响，走一步路而不敢忘这步路的社会影响"。这才是对于大我负责任。……这样说法并不是推崇社会而抹杀个人，这正是抬高个人的重要。个人虽渺小，而他的一言一动都在社会上留下不朽的痕迹，芳不止留百世，臭也不止遗万年，这不是绝对承认个人的重要吗？[①]

胡适在这里极端颂扬"个人"，自然他所谓"个人"是"特殊的，杰出的个人"，是英雄，豪杰和圣贤，他以为"过去现在将来，种种'无穷的''小我'一代传一代，一点加一滴，一线相传，连绵不断，

[①]　《胡适文存·序言》，第11—12页。

一水奔流，滔滔不绝，这便是一个'大我'。"换言之，他以为历史的发展就是这些"无穷的""个人"的意念，言笑和行动之世世代代的积累。他以为中国的哲学，是孔子这个"个人"想出来的，而后来又被秦始皇这个"个人"消灭了。中国的哲学史，就是孔子加孟子，孟子加荀子，荀子加朱熹，这些"特殊个人"的一点一滴的意识之机械的相加的历史。詹母士"全知全能的上帝"，到胡适面前，便一变而为"全知全能的个人"。从表面看来，胡适的历史已经从神到达了人类，但实际上，胡适所到达的"人类"，依然不是真正的现实的人类，而是"超人"的"特殊人类"，是与一般人类不同的"人类的幽灵"，他即是"神"或"上帝"。因为他所谓"人类"是具有与"上帝"同等的威权，可以用一个人的意志创造世界，创造历史的"人类"。这种"人类"在现实的世界，现实的历史中是不存在的。

实验主义者，极力"抬高特殊个人"，而"蔑视大众"，把历史当作是"特殊个人"的创造事业，而把一般大众当作是泥土一样，可以被"特殊个人"随意塑成任何一种历史的社会形式。明白些说，可以放在任何一种经济制度之下去剥削，可以驱到任何一种战场上去屠杀。他们只是"特殊个人"创造历史的材料而已。

不错，我们承认这些"特殊个人"，对历史之主观创造作用，但是我们却以为这种主观作用是被规定于历史发展之客观的规律。因为"社会的发展最后地计算起来，不是杰出人物的意志和思想来决定，而是社会生存所必需的物质条件的发展来决定的，由社会生存所必需的物质财富的生产方式的变迁来决定。……不是思想决定人的社会经济地位，而是人的社会经济地位决定他们的思想。如果杰出人物的思想和希望与社会的经济发展脱节，与先进的阶级脱节，则他将变成没有一点用处，如果相反的，他们的思想和希望正确地反映社会经济发展的需要，先进阶级的需要，那末，杰出人物能够成为真正的杰出人物"。因此，我们以为不是"特殊个人"的一言一笑，一行一动，创造历史，而是历史发展的条件，决定着"特殊个人"的言笑行动。因为只有他能反映出整个民族和民族中的整个阶级的意识的时候，他才能够形成一个历史的行动，否则他决不能给与社会以影响。

其次，"特殊个人"在历史中的作用，只是历史的偶然，而历史的偶然性必然要被规定于历史的必然性。因为历史的偶然，并不消灭历史发展之必然的规律；反之我们只有把这偶然性和必然性统一起来看，才能正确地理解个人对历史的作用。拿破仑是一个"特殊个人"，他在法国历史上，曾经起过创造作用。但拿破仑的历史创造，是历史的偶然，而当时正在兴起中的法国布尔乔亚需要这样一个开辟市场的英雄，则是历史的必然。假如在当时客观条件上没有这种历史的必然，则拿破仑的偶然性也不能显现出来；反之，即使没有拿破仑，也会有另外一个杰出的人物，代替拿破仑来执行历史的创造任务。然而实验主义所谓个人是超历史的超社会的个人，是和"上帝"一样，可以不顾历史条件而能一手创造世界，颠倒历史的个人，而历史就是这种个人的观念与行动之连续，这样的"个人"，与其说是"人"，不如说是"神"或"上帝"。实验主义到这里，脱去了伪科学的外衣，赤裸裸地显露出"神秘主义"的原形了。

六　总结几句

总之，实验主义者的历史方法，可以概括如次的几点：第一，是从主观观念论出发，因而否认历史发展之客观的规律性。第二，是以陈旧的进化论为中心，因而否认社会经济在历史发展中有任何质的突变。第三，是以机械的因果律代替历史发展之一般的全面性，因而他只能看到个个的零碎的现象，而在现象之间，无力建立其联系。第四，他强调历史发展中之主观的创造作用，而无视客观条件对主观作用之制约性或规定性。第五，他强调历史的偶然性，并且把偶然性提高到必然性的地位，因而他们以为整个的历史，都是偶然事件的碰巧与凑合。实验主义者就以这样的方法研究历史，并且在中国历史科学的领域内造成了一般专凭脑袋去思维，去假设，去寻找道德，寻找真理做摆渡的所谓历史家。这些"历史家"，他们专门一点一滴的磔割中国的历史，他们无批判地否定一切，同时又毫不迟疑地涂改一切。这样，就形成了五四运动以来中国历史科学上的大割裂、大混乱与大曲解。

虽然，不管实验主义者在主观上对中国历史如何割裂、涂改与曲解，然而在客观上，中国的具体历史，并没有依照他们主观的观念而改变。在目前中国的人民正在一个空前未有的伟大的历史创造中，中国的人民为了争取这一历史创造的胜利，他们需要吸取过去一切历史的经验，需要用历史经验教育自己以建立自己的战斗知识。所以在目前，中国历史家的任务，就在于对一切歪曲的历史观作理论的清算，把中国历史从封建的云雾中，从市民的烟幕中洗刷出来，使中国的历史在严正的科学方法之前，得到正确的说明。这样中国的历史，才能成为我们民族解放战争之指导的原理。中国人民在自己的历史的指导之下，才能把他们主观的创造配合于客观的历史倾向以争取抗战之最后胜利。

（重庆《读书月报》第二卷第三期，重庆生活书店1940年5月1日出版）

略论中国文献学上的史料

我很早就想写一篇关于史料的论文，但总是没有着笔。月前复旦大学文学院约我作一次学术讲演，我就讲《史料与历史科学》这个问题。惟讲演时，为时间所限，不能作较详之发挥。近因书店之约，要我写一本关于史料学方面的小册子，我就开始把这次的讲演稿加以整理，计有三篇：一、中国文献学上的史料；二、中国考古学上的史料；三、与收集整理史料有关的各种学问。现在我还只写成《中国文献学上的史料》一篇；其余两篇，假如我的生活不发生变动，也想继续写出来。

翦伯赞

1945年8月2日

一 导 言

中国文献学上的史料，真是浩如烟海，学者往往穷毕生之力，而莫测涯际。即以一部廿四史而论，就有三千二百四十二卷，其卷帙之浩繁，已足令人望洋兴叹。而况廿四史尚不过是史部[①]诸史中之所谓正史。在史部中，除正史以外，尚有编年史、纪事本末、别史、杂史、实录、典制、方志、谱牒及笔记等，其数量更百倍千倍于所谓正史[②]。

又况用历史学的眼光看，不仅史部诸书才是史料，一切史部以外的文献，都含有史料。章实斋曰："六经皆史"，此说甚是；但仍不足以概括史料的范围。我们若更广义地说，则何止"六经皆史"，"诸子亦史"，"诸诗集、文集、词选、曲录、传奇、小说亦史"，乃至政府档案、私人信札、碑铭、墓志、道书、佛典、契约账簿、杂志报纸、传单

---

① 文字的记录，始于记事。故中国古代，文、史不分，举凡一切文字的记录，皆可称之曰史。直至汉代，尚无史部之别，刘歆《七略》，班固《汉书·艺文志》，虽将富于史实记录之文献，并入《春秋》之属；但并未独立。史部诸书从文献中分别出来而为一个独立部门，始于晋代。晋荀勖撰《中经新簿》，始分中国文献为甲、乙、丙、丁四部，而史为丙部。至李充撰《四部书目》，重分四部，经为甲部，史为乙部，子为丙部，诗赋为丁部，而中国的文献遂别为经、史、子、集四部。以后历代因之，至于今日。

② 诸史《经籍志》或《艺文志》，对于史部分类，各不相同。少者分十类，多者分十五类。而其最初的范本，则为阮孝绪《七录》，阮《录》分史部为十二类，即国史、注历、旧事、职官、仪典、法制、伪史、杂传、鬼神、土地、谱状、簿录，是为史部最初之分类。《隋志》因之，分为十三类，曰正史、古史、杂史、霸史、起居注、旧事、职官、仪注、刑法、杂传、地理、谱系、簿录。《旧唐书·经籍志》、《新唐书·艺文志》皆分十三类，其目相同，曰正史、编年、伪史、杂史、起居注、故事、职官、杂传、仪注、刑法、目录、谱牒、地理。《宋史·艺文志》亦分为十三类，曰正史、编年、别史、史钞、故事、职官、传记、仪注、刑法、目录、谱牒、地理、霸史。《明史·艺文志》则分十类，曰正史、杂史、史钞、故事、职官、仪注、刑法、传记、地理、谱牒。清《四库全书总目》则增为十五类，曰正史、编年、纪事本末、别史、杂史、诏令、奏议、传记、史钞、载记、时令、地理、职官、政书、目录、史评。此外尚有许多别录，其分类有多至三十七类者，不及备举。

广告以及一切文字的记录，无一不是史料。若并此等史料而合计之，其数量又百倍千倍于史部的文献。

从这里，我们可以看出，中国文献学上的史料之丰富，正如一座无尽的矿山，其中蕴藏着不可以数计的宝物。这座"史料的矿山"，在过去，虽曾有不少的人开采过，但都是用的手工业方法，器械不利，发掘不深，因而并没有触到史料之主要的矿脉。例如史部以外之群书上的史料，特别是历代以来文艺作品中的史料，并没有系统地发掘出来，应用于历史的说明。至于四部以外的文字记录，则更不曾把我们当作史料而引用。

但是，就史料的价值而论，则史部以外之群书上的史料，其可靠性高于史部诸史上的史料。因为史部诸史，是有意当作史料而写的，其写作的动机，则抱着一种主观的目的。例如对某一史实或人物执行褒贬，所谓《春秋》书法。就是主观意识之发挥。这种主观意识之渗入，当然要使史实受到程度不同的歪曲，乃至涂改，以致减少了史料的真实性[①]。至于史部以外的群书，则并非有意为了保存某种史料而写的，而是无意中保留了或反映出若干的史料，这样无意中保留着或反映出的史实，当然要比较真切。固然，在史部以外的群书中，其行文记事，也夹杂着主观的意识，特别是各种文艺作品，如诗词、诗赋、小说之类，甚至还具有比史部诸书更多的主观意识。但是在这一类书籍中所表现的主观意识之本身，就是客观现实之反映；因而他不但不破坏史料的真实，反而可以从侧面反映出更真实的史料。

再就史部诸书而论，则正史上的史料，较之正史以外之诸史，如别史、杂史等中的史料，其可靠性更少。其中原因甚多，而最主要的原

---

① 例如《左传》宣公二年载赵穿攻杀晋灵公于桃园。当时晋国的太史董狐，在晋史上记载此事，不曰"赵穿弑其君"，而曰"赵盾弑其君"。赵盾提出质问，董狐曰："子身为正卿，亡不出境，反不讨贼，非子而谁？"

因，则因为所谓正史，都是官撰的史书。中国之设史官，由来已久①。但自东汉以前，史书撰著，皆出自一家。如司马迁之著《史记》，班固之著《汉书》，虽以史官而著史，尚属一家之言。自东汉开东观，大集群儒，遂开集体官撰之始。自唐以降，历代政府，皆设置史馆，派贵臣为监修；史官记住，皆取禀监修，始能着笔。自是以后，修史者在政治的限制之下，完全丧失了记录史实的自由，而所谓正史，几乎都是历代政府监督之下写成的，至少也是经过政府的审查，认为合法的。虽然大部分正史，都是后代编前代之事，但其资为根据的史料，则系前代的实录及官书，此种实录及官书，皆成于当代人之手。以当代之人，记录当代之事，当然不允许暴露当时社会的黑暗，特别是统治阶级的罪恶。否则就要遇到危险，如孙盛《实录》，取嫉权门；王韶直书，见仇贵族；而吴之韦曜，魏之崔浩，且以触犯时讳而丧失生命。所以历代史官，大抵变乱是非，曲笔阿时。见皇帝则曰"神圣"，见反对皇帝者则曰"盗贼"，简直变成了统治阶级的纪功录。像这样专捧统治阶级而以人民为敌的历史，当然不可信。至于正史以外之别史、杂史等，则系私家著述，这一类的著述，并不向政府送审，他能尽量地写出所见所闻，所以较为真实。

　　总之，就史料的价值而论，正史不如正史以外之诸史，正史以外之诸史，又不如史部以外之群书。为了要使中国的历史获得更具体更正确之说明，我们就必须从中国的文献中，进行史料之广泛地搜求，从正史中，从正史以外之诸史中，从史部以外之群书中，去发掘史料，提炼史

---

　　① 中国自有文字以来，即有专司史实记录之人。殷契、周金之镂刻，皆非具有专门技术之人才不可。自春秋以至战国，各国皆有史官。如赵鞅，不过晋之一大夫，而有直臣书过，操简笔于门下。田文，不过齐之一公子，而每坐对宾客，待史记于屏风。至若秦、赵二主，会盟渑池，各命其御史书某年某月，鼓瑟击缶。《左传》昭公二年，谓晋韩宣子来聘，观书于太史氏，是鲁亦有史官。至秦有天下，太史令胡母敬，作《博学章》，是秦亦有史官。汉兴，武帝又置太史公，以司马谈及其子迁为之，以后历代皆置史官。

料。只有掌握了更丰富的史料，才能使中国的历史，在史料的总和中，显出它的大势；在史料的分析中，显出它的细节；在史料的升华中，显出它的发展法则。

二　正　史

首先说到廿四史，即中国史部群书中之所谓正史。

这部书，既非成于一时，更非出于一人之手；而是历代积累起来的一部官史。其中成于汉者二，司马迁《史记》、班固《汉书》是也。成于晋者一，陈寿《三国志》是也。成于南北朝者四，宋范晔《后汉书》、梁沈约《宋书》、梁萧子显《南齐书》、北齐魏收《魏书》是也。成于唐者八，房玄龄《晋书》、姚思廉《梁书》、《陈书》、李百药《北齐书》、令狐德棻《周书》、魏征《隋书》、李延寿《南史》、《北史》是也。成于五代者一，后晋刘昫《旧唐书》是也。成于宋者三，薛居正《旧五代史》、欧阳修《新唐书》、《新五代史》是也。成于元者三，脱脱《宋史》、《辽史》、《金史》是也。成于明者一，宋濂《元史》是也。成于清者一，张廷玉《明史》是也。

以成书的年代而论，大抵皆系后代撰前代之史。但其中亦有例外，如刘宋撰《后汉书》，唐撰《晋书》，则朝代隔越。特别是司马迁的《史记》上溯殷周，远至传说时代之五帝，更系以后代之人而追溯远古。

即因这部书是历史积累起来的，所以在唐代只有三史，即《史记》、《汉书》、《三国志》，而成于南北朝的诸史，尚未列入正史。到宋代，始将宋及其以前所成的诸史列于正史，合为十七史，而《旧唐书》、《旧五代史》，尚不在正史之内。至于明，又加入宋、辽、金、元四史，而有廿一史。到清代，再加入《明史》及《旧唐书》、《旧五代史》，始足成今日之所谓廿四史。晚近又以柯劭忞《新元史》列入正史，增为廿五史。他日再加入《清史》，就有廿六史了。

廿四史，中国历来皆称为正史。但在我看来，与其称之曰史，不如称之曰"史料集成"。

第一，以体裁而论，虽皆为纪传体，而且其中最大多数皆系纪传体的断代史，但其中亦有纪传体的通史。如司马迁的《史记》，则上起五帝，下迄汉武；李延寿的《南史》，则系宋、齐、梁、陈四朝的通史；《北史》，则系北魏、北齐、北周、隋代四朝的通史。通史与断代史杂凑，以致体裁不一。

第二，即以纪传体而论，亦不尽合于规律。所谓纪传体，即以本纪、世家、列传、书志、年表合而成书。但《三国志》、《梁书》、《陈书》、《北齐书》、《周书》、《南史》、《北史》皆无书志，《隋书》本亦无志，今志乃合梁、陈、齐、周、隋并撰者。而《后汉书》、《三国志》、《宋书》、《南齐书》、《梁书》、《陈书》、《魏书》、《北齐书》、《周书》、《隋书》、《南史》、《北史》、《旧唐书》、新旧《五代史》，皆无表。

第三，以史实的系列而论，则重复互见。其中有全部重复者，如《南史》之于宋、齐、梁、陈书，《北史》之于魏、齐、周、隋书，《新唐书》之于《旧唐书》，《新五代史》之于《旧五代史》是也。亦有局部重复者，如《汉书》纪汉武以前的史实，完全抄录《史记》原文是也。又如于朝代交替之间的史实，前史已书，而后史必录。如东汉末群雄，《后汉书》有列传，《三国志》亦有列传。司马懿、司马师、司马昭之事迹，已见于《魏志》，而《晋书》又重为之纪。此外，当割据或偏安之际，同时并世的诸王朝，各有史书，而同一史实既见此史，又出彼史。如宋、齐、梁、陈书之于魏、北齐、周、隋书，《南史》之于《北史》，《宋史》之于辽、金、元史，其中重出互见之史实，不可胜举。至于论"夷狄",则必追其本系,于是北貉起自淳维、南蛮出于槃瓠;高句骊以鱼桥复济,吐谷浑因马斗徙居等语,前史已载,后史再抄,重床叠被,千篇一律。因而以时间系列而论,亦未能前后紧密相含。

第四,因为廿四史都是用纪传体的方法写的,所谓纪传体,即以事系人的体裁。这种体裁用以保存史料,不失为方法之一。若用以写著历史,则纪一史实,必至前后隔越,彼此错陈。因为一人不仅作一事,一事又非一人所作,若以事系人,势必将一个史实分列于与此事有关之诸人的传纪中,这样,所有的史实都要被切为碎片。所以我们在廿四史中,只能看到许多孤立的历史人物,看不到人与人的联系。只能看到无数历史的碎片,看不到一个史实的发展过程。既无时间的系列,又无相互的关系。所以我说廿四史不能称为历史,只是一部史料的集成。

当作历史,则班、马之书,亦不敢妄许。即当作史料,而廿四史中有一部分史料,也只能当作代数学上的X。是否正确,尚有待于新史料的证明。其不可靠的原因,一般地说来,不外如次的几点:

第一,循环论的观点。这种观点,在《史记》中,已经彰明其义。《历书》曰:"三王之正若循环,穷则反本。"《高祖本纪》太史公曰:"三王之道若循环,终而复始"。《天官书》曰:"夫天运,三十岁一小变,百年中变,五百载大变,三大变一纪,三纪而大备,此其大数也。为国者必贵三五,上下各千岁,然后天人之际续备"。又说天变则依五星周转,应于世变则为五行轮回。所谓五行者,即土、木、金、水、火,亦曰五德。中国的历史,就是三五往复,五德终始,循环古今。所以历代受命之君,必于五德中有其一德而王,如某也以土德王,某也以木德王等等。五行又配以五色,如苍、赤、黄、白、黑,故以某德王者,则必尚某色。如汉以火德王,色尚赤。像这一类循环论的说法,充满廿四史,并以此而演化为天命论。如历史家以秦之祖先为金德，色尚白，汉为火德，色尚赤，于是把汉高祖斩白蛇之事，附会为赤帝子斩白帝子。又如刘秀继西汉而王，其德不改，其色亦不改，故当其即位之际，有《赤伏符》自天而降。又如公孙述，他根据王莽的新五德系统（五行相生）以为土生金。（王莽自谓以土德王，色尚黄），他继王莽之后，应为金德，金德王者色尚白，故自称白帝。这一类的鬼话，当然不可信。

　　第二，正统主义的立场。廿四史，是以帝王为中心的历史，帝王本纪，是全部历史的纲领。所以在任何时代，都必须要找到一个皇帝，而尊之曰"神圣"，替这个皇帝作本纪，替属于这个皇帝的贵族作世家，官僚、地主、商人作列传。任何人，不管他的理由如何，只要反对这个"神圣"，他就被指为叛逆，为盗贼。"神圣"可以反道败德，荒淫无耻，乃至杀人放火，史书上不过说他"略有逊德"，甚至美之曰"为民除暴"。反之，反对"神圣"的人民，如果杀了几个贪官污吏，史书上便大书特书，说他们不仅是杀人魔王，而且是吃人大王。但是他们有时也自相矛盾，即当他们找不到"神圣"的时候，则他们认为是盗贼、叛逆乃至夷狄，皆可以奉之为"神圣"。如朱温在《唐书》为盗贼，在《五代史》遂为"神圣"。燕王棣在同一《明史》，前为叛逆而后为"神圣"。北魏、北齐、北周之君，《南史》指为索虏，而《北史》则尊为"神圣"。五代之李存勖、石敬瑭、刘知远皆沙陀之裔，在《五代史》上皆尊为"神圣"。辽、金、元初诸帝，《宋史》称之曰贼、曰虏、曰寇，而在辽、金、元史中，则皆为某祖、某宗、某皇帝了。赵尔巽主编之《清史稿》，对于清朝诸帝，亦无不称为祖、宗，尊为神圣；对于太平天国，则曰发匪，对于帮助清朝屠杀中国人民的汉奸曾国藩，反而恭维备至。至于某一时代神圣太多，则于诸神圣中，择一神圣，而曰此乃正统之神圣，其余则指为僭伪。如《三国志》以魏为正统，而以吴、蜀为僭伪①；新旧《五代史》以梁、唐、晋、汉、周为正统，而以其余为僭伪②。像这样今日叛逆，明日帝王；今日盗贼，明日神圣；今日夷狄，明日祖、宗，以及甲为正统、乙为僭伪的胡说，充满廿四史。而且由此而展开"成王败寇"的书法。如楚汉之际，项羽实曾分裂天下而王诸侯，但以结局失败，而史家遂谓司马迁不应列项羽于本纪。如西汉之末，刘玄实曾为更始皇帝，亦以结局失败，而《后汉书》遂不列刘玄于本纪。此外，如李世民之与窦建德、王世充，朱元璋之与张士诚、陈友谅，清顺治之与李自成、张献忠，其相去实不可以寸计；徒以成败之故，而或为太祖、太宗，或为盗贼、流寇。按之史实，岂为正论？所以我以为读廿四史者，万勿为正统主义以及由此而演绎的"成王败寇"的书法所迷惑。我们应该从假神圣中去找真盗贼，从假盗贼中去找真神圣。

第三，大汉族主义的传统。"内诸夏而外夷狄"，是春秋以来发生的一种狭义的民族思想。这种思想，也充满了廿四史。一部廿四史，都是以大汉族为中心，对于国内其他诸种族的历史活动，或列于四夷列传，或完全没有记录，如《三国志》之《蜀志》、《吴志》，以及《陈书》、《北齐书》，皆无四夷列传。其有四夷列传者，记录亦极疏略，必其民族与中原王朝发生战争或重大交涉，始能一现。至于对各民族之渊源及其自己的发展，则无有系统之记载；有之，则不是把各民族拉扯为汉族的支裔，以图否定其民族，便是对其他民族加以侮辱。前者如谓

---

① 关于三国的正伪，史家看法不同。在晋，则陈寿正魏，习凿齿正蜀；在宋，则司马光正魏，朱熹正蜀。陈寿生于西晋，司马光生于北宋，西晋与北宋，皆据中原，与魏相同，苟不以地望为据，则晋、宋为僭，故其所以正魏者，即所以正晋、正宋也。习凿齿生于东晋，朱熹生于南宋，东晋与南宋，皆偏安江左，若不以血统为据，则东晋、南宋为僭，故其所以正蜀者，亦所以正东晋、南宋也。

② 宋人之所以正梁、唐、晋、汉、周者，以宋之天下篡自周。由周而汉而晋而唐而梁，实为一篡夺系。因正宋而遂不能不正周，因正周而遂不能不正周之所自出。由此上溯，以至于梁，遂上继唐代。故五代史之正梁、唐、晋、汉、周，亦所以正宋也。

匈奴为夏桀之后，朝鲜为箕子之裔；后者如谓北狄为犬羊之族，南蛮为虫豸之属。又如述汉族之侵略四国，则曰王化广被，声教远播；反之，若其他民族向中原发展，如匈奴只要越过长城，西羌只要转入甘肃，东胡只要西向辽东，南蛮只要走出崇山峻岭，便指为叛变，为入寇。又如汉族明明向外族献美女，纳岁贡，乃至称臣称侄，而美其名曰"怀柔"；反之，其他诸民族，明明是来至中原进行贸易，而必曰"四夷来王"。诸如此类的偏见不可胜举，假使真能坚持到底也好，但又不然，只要其他民族，一旦走进黄河流域或入主中国，如北魏、北齐、北周及辽、金、元等，则又歌德颂圣，充分表现其媚外求荣之奴性。当清顺治三年，议历代帝王祀典，而礼部上言，竟谓辽对宋曾纳贡，金对宋曾称侄，均应庙祀，侵侵乎几欲正辽、金而伪宋。其所以尊辽、金者，即所以逢迎清统治者。结果不但辽、金诸帝与宋朝诸帝并坐祭坛，而魏、元诸帝亦同享庙祀。这种入主出奴的心理，应用于历史的记录，必然要混淆事实。或曰：廿四史中，有《魏书》、《北齐书》、《周书》、《北史》、《辽史》、《金史》、《元史》，皆系纪录少数民族或以少数民族为中心之史书，故廿四史，不能说是以汉族为中心。但是这些史书，虽不以汉族为中心，而仍以某一支配民族为中心，因而仍是狭义的民族主义。我们之所以反对大汉族主义，就是因为它是一种狭义的民族主义，它把汉族当作中国这块领域内的天生的支配民族，而敌视其邻人，以致使历史的中心偏向一个支配民族；而其他中国境内诸民族的历史，遂疏漏简略，歪曲不明。同样，以任何一个支配民族为中心的历史，都是大民族主义，其作用，同于大汉族主义。

　　第四，主观主义的思想。一部廿四史充满了主观主义的成分；而其主要的表现方式，则在每篇终末的评语之中。这种评语的命名各书不同，如《史记》则曰"太史公曰"，《汉书》则曰"赞"，《后汉书》则曰"论"，《三国志》则曰"评"，其他或曰议，或曰述，或曰史臣，或自称姓名，其名不一，其实皆史家发挥主观主义之地盘。此外，在史实叙述中，亦夹杂批判。更有一种，则系歪曲史实，以适应其主观的观念，只有这一种，最足以变乱史实的真相而又最难辨识。在廿四史中，我们可以看到任意褒贬之处，如《汉书》贬王莽。但我们读《王莽传》，观其行事，虽亦有奸伪可贬之处，而其托古改制，知道当时的政治非变不可，尚不失为一个开明的贵族。《宋书》、《南史》贬范晔，但我们读陈澧《东塾读书记》中的《申范篇》，而后知范晔之被诬。《宋史》贬王安石，但我们读陆象山《王荆公祠记》、蔡上翔《王荆公年谱考略》、梁启超《王荆公传》，而后知王安石之被谤。诸如此类，不胜枚举。此外曲笔阿时，以取媚权贵者，更颠倒是非，任意屈伸。他若贪污者，则更无论矣。刘知几曰："班固受金而始书，陈寿借米而方传。"[①]班、陈尚如此，等而下之，当更有甚焉。

最后，便是政治的限制，忌讳多端。即因如此，对于皇帝的记录，特别是开国皇帝的记录，最不可信。例如刘邦本是一个好美姬、贪财货的流氓；而《史记·高祖本纪》谓其一入咸阳，便变成了"财货无所取，妇女无所幸"的圣人。汉成帝尝白衣袒帻，从私奴客，奸淫人民的妻女；而《汉书·成帝纪》谓其"临朝渊嘿，尊严若神"。曹髦之死，实司马昭派贾充刺杀；而《三国志·魏书》但书"高贵乡公卒"。苍梧王之死，实萧道成派杨玉夫刺杀；而《南齐书》但书"玉夫弑帝"。杨广实弑其父，而《隋书·炀帝纪》但书"高祖崩"。李世民实弑其兄，而《唐书·高祖纪》反书建成谋害其弟。赵光义实弑其兄，而《宋史》不书。燕王棣实逐其侄，而《明史》不罪。诸如此类，举不胜举。其他对于皇帝以及权贵之一切无耻的罪行，大抵皆因忌讳而不许记录；其间有记录者，则为万人皆知不可隐蔽之史实。这种忌讳，当然要变乱并湮

---

① 《史通·内篇·曲笔》。

没许多史实。不但如此，而且在忌讳的反面，又产生逢迎，如史书上替那些开国皇帝大半都制造一些神话。这些神话，完全是凭空扯谎，决不可信。

此外或因后人窜乱，真伪相杂，如《史记》自褚少孙始，窜乱者不下十余辈。或因根据不同，同一史实，而两书互异。如《史》、《汉》之于武帝以前的史实，《南史》与《宋》、《齐》、《梁》、《陈书》之于南朝的史实，《北史》与《魏》、《北齐》、《周》、《隋书》之于北朝的史实，《宋史》与《辽》、《金史》之于同时的史实，多有歧异。或因仓卒成书，讹误不免，如沈约《宋书》纪、志、列传共一百卷，而撰书时间不过数月。元撰《宋》、《辽》、《金》三史，不及三年，即告完成。明撰《元史》，六月成书。或因文字不通，随便照抄官书档案。如元撰《宋》、《辽》、《金》，明撰《元史》，其中人名地名，译音不确，竟至一人化为二人，二人并为一人，其于地名亦然。他若由于撰史者的疏忽，以至同一书中，前后自相矛盾者，各史皆有。以是之故，所以我说廿四史上的史料，只能当作代数上的X。

虽然，只要我们知道了它的毛病，廿四史中，还是有很多宝贵的史料，可以用于历史的说明。例如人皆谓《魏书》为秽史，但除去偏见，仍为史料。人皆谓《宋史》繁芜，但当作史料，则患其不繁。人皆谓《元史》猥杂，但其中所录官牍鄙俚一仍原文，更为实录。反之，如陈寿《三国志》字字锤炼，过求简净，若无裴松之的注解，史实几至不明。如欧阳修《新唐书》、《新五代史》，下笔行文，褒贬随之，同样是满纸偏见；而且由于过分模仿《春秋》，以至变乱史实。如《新唐书》本纪书安史之乱，必书逆首；但在事实上，有若干行动，并非逆首所为，而系逆党所为。故吾于《唐书》及《五代史》，宁取薛著之繁琐直叙，而不取欧著之总核简严。又如宇文氏本为少数民族，文字言语、生活习惯，异于汉族；以汉字记少数民族历史，已属隔靴搔痒；而《周书》又行文必《尚书》，出语必《左传》，则史实真相，一误于翻译，再误于文字玩弄，结果，必然走样。故吾于记录少数民族之史，宁取《元史》之猥杂存真，而不取《周书》之古雅失实。总之，当作史料看，则宁取其繁琐、存真、直叙，而不取其简括、典雅与褒贬之辞。明乎此，然后才能读廿四史，用廿四史。

三 正史以外的诸史

其次，说到正史以外的诸史。正史以外的诸史，种类繁多，如前所述，有编年史、纪事本末，及通典、通考等。这些书，或以事系年，通诸代而为史；或标事为题，列诸事以名篇；或以事为类，分部类以成书。他们在写作的方法上，都能自成一体；但在史料方面，则并不多于正史，而且大半皆由正史中网罗搜括而来。因此我们如果为寻找新的史料，以补充和订正正史，就必须求之于史流之杂著。

史流杂著，由来甚古，早在所谓正史出现之前，即已有之。如《山海经》、《世本》、《国语》、《国策》、《楚汉春秋》之类的古史，论其体裁，皆系杂史；论其著书之时代，皆在史、汉之前；且为史、汉之所取材。自汉、魏以降，此类著作，仍与所谓正史，殊途并鹜，平行发展。南北朝初，已蔚为大观。仅就裴松之注《三国志》所引之杂史，即有一百五十余种。至于宋代，由于印刷术的发明和应用，私家著作得以刊行，而史部杂著，亦日益繁富。降至明清，则此类著作，洋洋乎浩如烟海了。

史部杂著，种类甚多，体裁不一，要之，皆与正史有别。论其体裁，既不一律皆为纪传体；论其性质，亦不如《史记》、《南史》、《北史》通诸代而为史，又不如《汉书》、《后汉书》等断一代以成书，而皆系各自为体之随手的记录，故其为书，皆零碎断烂，非如正史之有系统。关于史部杂著，刘知几曾为之别为十类："一曰偏纪，二曰小录，三曰逸事，四曰琐言，五曰郡书，六曰家史，七曰别传，八曰杂记，九曰地理书，十曰都邑簿。"①这样的分类，虽过于琐碎，但却可以显出史部杂著的诸流别。徇此流别以观史部杂著，则纷乱一团之史部杂著，亦能类聚流别而形成其自己的系统。

刘知几所谓偏纪，即其书所记录的史实，并非始终一代；换言之，非断代的专史，只是记录某一朝代中的一个段落，或即当时耳闻目见之事。这种史实，或不见正史，或即见正史而记载并不详尽，于是有偏纪之作。刘知几曰："若陆贾《楚汉春秋》、乐资《山阳载记》（山阳公，即汉献帝禅魏后之封号）、王韶《晋安帝纪》、姚最《梁昭后略》，此之谓偏纪者也。"②这一类的著作，以后最为发展，或截录一时，或专记一事。前者如五代王仁裕之《开元天宝遗事》，宋李纲之《建炎时政记》、《靖康传信录》，明李逊之《三朝野记》、钱眆只《甲申传信录》之类皆是。后者如宋曹勋《北狩见闻录》、蔡鞗《北狩行录》、洪皓《松漠纪闻》、辛弃疾《南渡录》、明归有光《备倭事略》、吴应箕《东林本末》、清吴伟业《复社记事》、王秀楚《扬州十日记》、朱子素《嘉定屠城纪略》、李秉信《庚子传信录》、王炳耀《中日甲午战辑》等，不可胜举。

小录所以记人物，但并不如正史总一代之人物而分别为之纪传，而是仅就作者自己所熟知的人物为之传纪。小录上传纪的人物，或不见正史，或即见正史而于其平生事迹不详，故有小录之作。刘知几曰："若戴逵《竹林名士》、王粲《汉末英雄》、萧世诚（梁元帝）《怀旧志》、卢子行《知己传》，此之谓小录者也。"③这类著作，后来亦继

①　《史通·内篇·杂述》。

②　《史通·内篇·杂述》。

③　《史通·内篇·杂述》。

有撰著，如明朱国桢《皇明逊国臣传》、张芹《建文忠节录》、黄佐《革朝遗臣录》、清陆心源《元祐党人传》、陈鼎《东林列传》、李清臣《东林同难录》、吴山嘉《复社姓氏传略》、彭孙贻《甲申以后亡臣表》等皆是也。

逸事记事亦记言，但不是重复正史，而是补正史之所遗逸，故其所载之事或言，皆为正史所无。刘知几曰："若和峤《汲冢纪年》、葛洪《西京杂记》、顾协《璅语》、谢绰《拾遗》，此之谓逸事者也。"①这类著作，后来向三个方向发展：其一为辑逸，即从现存的文献中，搜集古书的逸文，辑而为书。其二为补逸，即根据其他书类增补史籍上的遗漏，或就原书注释，另为史补一书。其三则为存逸，即作者预知此事，若不及时记录，后来必然湮没，故因其见闻而随时记录之。辑逸与补逸，其性质已属于逸史之收集与补充，惟存逸而属于逸史之创造。此种存逸之书，明、清之际最多，如明应喜臣《青燐屑》、史惇《恸余杂录》、无名氏《江南闻见录》、《天南逸史》、黄宗羲《海外恸哭记》、夏允彝《幸存录》、夏完淳《续幸存录》、清陈维安《海滨外史》、邹漪《明季遗闻》、罗谦《也是录》以及搜集于《荆驼逸史》及明季《稗史》中之各种野史，都可以列入逸史之类。

琐言所以记言，但并不如正史所载皆系堂皇的诏令章奏及君臣对话，而是小说卮言，街谈巷议，民间言语，流俗嘲谑。故其所记，亦系正史所无。刘知几曰："若刘义庆《世说》、裴荣期《语林》、孔思尚《语录》、阳松玠《谈薮》，此之谓琐言者也。"②此类著作，在宋代最为发达，如周密《齐东野语》、《癸辛杂识》、朱绪《萍洲可谈》、张知甫《可书》、王辟之《渑水燕谈录》、刘绩《霏雪录》、洪迈《夷坚

---

① 《史通·内篇·杂述》。
② 《史通·内篇·杂述》。

志》、曾敏行《独醒杂志》、张师正《倦游杂录》、无名氏《续墨客挥犀》皆是也。

郡书记人物，但不如正史所载，网罗全国；而仅录其乡贤，故其所录人物或不见正史，或即见正史而不详。刘知几曰："若圈称《陈留耆旧》、周斐《汝南先贤》、陈寿《益都耆旧》、虞预《会稽典录》，此之谓郡书者也。"①此种著作，后来亦续有撰述，如宋张齐贤《洛阳搢绅旧闻记》、宋句廷庆《锦里耆旧传》、元刘一清《钱塘遗事》、王鹗《汝南遗事》等皆是也。但更后则发展为地方志，如省志、府志、县志之类，史部中独立出来，成为方志之书。

家史记一家或一族之世系，但并不如正史上之世家，仅记贵族之世系；而是作者追溯其自己之家世，或任何不属于贵族者之谱系。刘知几曰："若扬雄《家谍》、殷敬《世传》、孙氏《谱记》、陆宗《系历》，此之谓家史者也"。②这种著作，渊源甚古，如司马迁作《三代世表》所根据之《五帝系谍》就是记录氏族世系之书。自魏、晋迄于六朝，学者多仿《史记》"世家"遗意，自为家传。齐、梁之间，日益发展，郡谱、州谍并有专书。《通志·氏族略·序》曰："自隋唐而上，官有簿状，家有谱系。官之选举，必由于簿状；家之婚姻，必由于谱系。历代并有图谱局，置郎、令史以掌之，仍用博通古今之儒，知撰谱事。凡百官族姓之有家状者，则上之官，为考订详实，藏于秘阁，副在左户。若私书有滥，则纠之以官籍；官籍不及，则稽之以私书；此近古之制，以绳天下，使贵有常尊，贱有等威者也。所以人尚谱系之学，家藏谱系之书。"若晋之贾弼、王宏，齐之王俭，梁之王僧孺等，各有百家谱，又如刘宋何承天撰《姓苑》，后魏《河南宫氏志》，都是谱系之

①　《史通·内篇·杂述》。
②　《史通·内篇·杂述》。

书。谱系之学，至于唐而极盛。唐太宗命诸儒撰《氏族志》一百卷，柳冲撰《大唐姓氏录》二百卷，路淳有《衣冠谱》，韦述有《开元谱》，柳芳有《永泰谱》，柳璨有《韵略》，张九龄有《麴林》，林宝有《姓纂》，邵思有《姓解》。自是以后，迄于今日，民间望族，大抵皆有其自己之谱牒。此外与族谱并行，尚有后人考证古人家系之书，如罗振玉《高昌麴氏年表》，《瓜沙曹氏年表》，以及许多个人的年表，不可胜举。这些，都是属于家史之类。

别传所以传人物，但并不如正史列传，仅录其大事，而是委曲细事，详其平生。亦不如小录，仅传其所熟知之人，而是认为其人有作别传之价值。也不如郡书，仅录其乡贤，而是就全部历史人物中，选择其别传之主人。一言以蔽之，别传是从全部历史人物中，选择一种在历史中占重要地位的人物，为之作专传。这种人物，或不见正史列传，或即见正史列传而不详，或已见于小录、郡书，或不见于小录、郡书。刘知几曰："若刘向《列女》、梁鸿《逸民》、赵采《忠臣》、徐广《孝子》，此之谓别传者也。"①这种著作，在史部杂流中，也很发达。如唐郑处海《明皇杂录》、李德裕《明皇十七事》、姚汝能《安禄山事迹》、宋王偁《张邦昌事略》、曹溶《刘豫事迹》、明杨学可《明氏（明玉珍）实录》、吴国伦《陈（友谅）张（士成）事略》、王世德《崇祯遗录》、邵远平《建文帝后记》、清钱名世《吴耿尚孔四王合传》以及美人林白克《孙逸仙传记》等，皆属于别传之列。

杂记所以录鬼怪神仙，但并不如正史五行志专载征祥灾异，符瑞图谶，拉扯天变，附会人事；而是记录闾巷的异闻，民间的迷信。刘知几曰："若祖台《志怪》、干宝《搜神》、刘义庆《幽明》、刘敬叔《异

① 《史通·内篇·杂述》。

苑》，此之谓杂记者也。"①杂记之书，后亦续有撰著，然以事涉荒唐，不被重视，故作者较少，然亦常散见于各种笔记、野史之中。更后则发展为神怪小说如《封神》、《西游记》、《聊斋志异》之类。

地理书所以志地理，但并不如正史地理志（或郡国、郡县、州郡、地形、职方诸志）皆千篇一律，总述一代之疆域、郡国、州县、人口、物产。而是有各种各样的体裁，其中有总述一代之疆域者；但其最大的特点，则在专志一地，其所志之地，或为其本乡，或为其曾经游历之异域。而其内容，则侧重于山川形胜、风俗习惯。刘知几曰："若盛弘之《荆州记》、常璩《华阳国志》、辛氏《三秦》、罗含《湘中》，此之谓地理书者也。"②地理书以后向三个方向发展：其一衍为方志，如唐之《元和郡县志》，宋之《太平寰宇记》、《元丰九域志》，明、清《一统志》之类是也。其二游记，如晋法显《佛国记》，唐玄奘《大唐西域记》，元长春真人《西游记》、耶律楚材《西游录》、马可·波罗《游记》，明马欢《瀛涯胜览》、费信《星槎胜览》、严从简《殊域周咨录》、黄衷《海语》、顾玠《海槎余录》、朱孟震《西南夷风土记》，清徐弘祖《徐霞客游记》、陈伦炯《海国闻见录》、杨宾《柳边纪略》、洪北江《伊犁日记》、《天山客话》、陆次云《峒溪纤志》、魏祝亭《荆南苗俗记》、《两粤猺俗记》等是也。此外，则为地理之历史的考证，此类地理考证之书，在清代著述最多，不及列举。

都邑簿所以记宫阙陵庙，街廛郭邑，辨其规模，明其制度。按历代都邑，正史无专志，故都邑簿，是所以补正史之所不及。刘知几曰："若潘岳《关中》，陆机《洛阳》、《三辅黄图》、《建康宫殿》（魏杨衒之《洛阳伽蓝记》、马温之《邺都故事》），此之谓都邑簿者

① 《史通·内篇·杂述》。
② 《史通·内篇·杂述》。

也。"①此类著作，以后各代亦有撰述，如宋周密《南宋故都宫殿》、《武林旧事》，耐得翁《都城纪胜》，吴自牧《梦粱录》、孟元老《东京梦华录》，清余怀《板桥杂记》，雪樵居士《秦淮见闻录》，捧花生《秦淮画舫录》，许豫《白门新柳记》，西蜀樵也《燕台花事录》等书，虽其目的，或非专为记述都邑，而皆能保存若干都邑状况之史料。

总上所述，可知中国史部杂著之丰富，其中自记事、记言、记人、以至记山川物产、风俗习惯、宫阙陵庙、街廛郭邑、神仙鬼怪，无所不有。自一国之史以至一地之史，一家之史，一人之史，无所不备。以上十类，虽尚不足以概括史部之杂著，但大体上，已可由此而挈其要领。此等杂史，虽其写作体裁不及正史之有系统，行文用字不及正史之典雅；但因杂史所记，多系耳闻目见之事，而且其所记之事又多系民间琐事，故其所记，较之正史，皆为真切，而且皆足以补正史之遗逸缺略乃至订正正史之讹误。特别是因为杂史不向政府送审，没有政治的限制，能够尽量地暴露史实的真相。所以有时在一本半通不通的杂史或笔记中，我们可以找到比正史更可靠的史料。

例如正史记事，限于政治，不确；限于篇幅，不详；而偏纪之类的书，则能正其不确，补其不详。如《宋史》载徽、钦北狩，不详。读辛弃疾《南渡录》等杂史，由徽、钦二帝北狩的行程及其沿途所受的侮辱，历历如见。《明史》载倭寇之战不确，读采九德《倭变事略》等书，则知当时商人勾引倭寇，明代官兵望敌而逃之实情。清兵入关对中原人民的大屠杀，将来清史，未必全录；但是有了《扬州十日记》、《嘉定屠城记》等书，则知清兵入关，其屠杀之惨是严重的。

正史记人，皆根据其政治地位，为之纪传；其于草野之士，虽亦间有别为隐逸列传者，但被录者少而被遗者多。有了小录、郡书、家

---

① 《史通·内篇·杂述》。

史、别传之类的书，或记其熟知之人，或记其乡土之贤，或自叙其家族之世系，或详记一人之平生，则正史所遗者因之而传；正史所略者，因之而详。例如《三国志》上的许多人物纪传，大抵皆以此种杂史为蓝本而记录出来。如以小录而论，则有魏文帝《典论》、鱼豢《典略》、孙盛《魏略》、王隐《蜀记》、张勃《吴录》等。以郡书而论，则有《汝南先贤传》、《陈留耆旧传》、《零陵先贤传》、《楚国先贤传》、《益都耆旧传》、《冀州记》、《襄阳记》、《江表传》等。以家史而论，则有《孔氏谱》、《庚氏谱》、《孙氏谱》、《稽氏谱》、《刘氏谱》、《诸葛氏谱》等。以别传而论，则有吴人《曹瞒传》、《陈思王传》、《王朗家传》、《赵云别传》、《华佗别传》等。《三国志》如此，其他各史，大抵皆然。总之，凡正史列传中所不载或不详的人物，我们有时可以从杂史上找到。例如《宋史》载宋江的暴动，合《徽宗纪》、《侯蒙传》、《张叔夜传》三处所载，不过百余字，简直看不出宋江是怎样一个人，但我们读《宣和遗事》、周密《癸辛杂识》及龚圣与《三十六人赞》，则梁山泊上的三十六个英雄，有名有姓有来历了。

正史载言，多录诏令章奏，至于街谈巷议，则很少收入；而诏令之类的文字，又最不可信。《史通·载文》曰：“凡有诏敕，皆责成群下。但使朝多文士，国富词人，肆其笔端，何事不录。是以每发玺诰，下纶言，申恻隐之渥恩，叙忧勤之至意。其君虽有反道败德，惟顽与暴；观其政令，则辛癸不如；读其诏诰，则勋华再出；……是以行之于世，则上下相蒙；传之于后，则示人不信。”这就是说，政府的文告是最不可靠的史料，因为历代的统治者，都是满口的仁义道德，一肚子男盗女娼；好话说尽，坏事做完；但是有了琐言一类的杂史，则民间言语，亦获记录，而此种民间言语，则最为可信。例如《宋史》载宋、金战争，只记胜败，读周密《齐东野语》，其中载宣和中，童贯败于燕蓟，伶人饰一婢作三十六髻，另一伶人问之，对曰：“走为上计（髻）。"由此而知宋代官军，只知向后转进。又张知甫《可书》有云："金人自侵中国，雅以敲棒击人脑而毙。绍兴间有伶人作杂剧戏云：'若欲胜金人，须是我中国一件件相敌乃可，且如金国有粘罕，我国有韩少保，金国有柳叶枪，我国有凤凰弓，金国有凿子箭，我国有锁子甲，金国有敲棒，我国有天灵盖。'"由此又知当时南宋政府对付金人，只有凭着天灵盖去领略金人的敲棒。此外如曾敏行《独醒杂志》讽刺宋朝政府滥发货币，洪迈《夷坚志》讽刺宋朝宰相的贪污，岳珂《桯史》讽刺南宋的统治阶级把徽、钦二帝抛在脑后等等，都是以琐语而暴露社会经济和政治的内容；而被暴露的事实，又都是正史上所没有的。

正史记事，多有遗逸、逸事之类的书，即所以补正史之遗逸。如武王伐纣，《尚书》、《史记》只说武王伐罪吊民，读《逸周书·克殷》、《世俘》诸篇，始知"血流漂杵"的内容。又如《三国志》记诸葛亮南征只有二十字，读《华阳国志·南中志》（有七百余字记载此事）才知道这一战争的经过始末。此外，若无夏允彝父子之《幸存录》、《续幸存录》，我们便不知亡国前夕的明朝政府之贪污腐败与荒淫无耻。若无邓凯《求野录》、罗谦《也是录》，便不知明桂王亡国君臣在缅甸之流亡情形及其最后的下落。

正史载四裔及外国皆甚简略模糊，地理书即可以补其不及。如《晋书》无外国志，但我们读法显《佛国记》，则自当时甘肃、新疆、中亚以至印度之山川形势、气候物产、艺术建筑、风俗信仰，便如身临其境；而且又知当时自印度经海道至中国的航线和海船的大小。读玄奘《大唐西域记》，则唐代的西域和印度的情形，即了如指掌。读范成大《吴船录》，便知宋时印度之王舍城已有汉寺。读马可·波罗《游记》，便知自地中海以至中国之间这一广大领域在元时的状况。读马欢《瀛涯胜览》、费信《星槎胜览》等书，便知明代中国商人在南洋之活动，以及当时南洋各地之风土。此外，如清人所著关于苗谣之书类，又为研究西南少数民族风俗习惯之最好的参考书。

正史对都市，特别是都市生活不详；都邑簿之类的书，即可补其不足。例如北魏时的洛阳是怎样的情形，从《魏书》上看不出来；我们读《洛阳伽蓝记》，便知当时的洛阳有多少城门，街道如何，而且城内城外有一千多个佛寺。宋代的汴梁是怎样的情形，从《宋史》上也看不出来；但我们读吴自牧《梦粱录》，孟元老《东京梦华录》等书，不但宫殿的所在，街道的名称，可以复按；而且当时的都市生活、商店、茶楼、酒馆、书场、妓院的地址，以及过年、过节、庙会等风俗，亦琐细如见。明末的南京，是怎样的情形，从明史上，也看不出来；但我们读《板桥杂记》等书，则知亡国前夕的南京"灯火樊楼似汴京"；莫愁湖上的茶社，秦淮河中的游艇，都挤满了贫穷的妓女和腐化贪污的官僚。

刘知几曰："刍荛之言，明王必择；葑菲之体，诗人不弃。故学者欲博闻旧事，多识其物，若不窥别录，不讨异书，专治周、孔之章句，直守迁、固之纪传，亦何能自致于此乎？且夫子有云：'多闻，择其善者而从之，知之次也。'苟如是，则书有非圣，言多不经，学者博闻，盖在择之而已。"[①]

四　史部以外的群书——经、子、集

再次，说到史部以外的群书，即群经、诸子和集部诸书。这些书，虽不如史部诸书专记史实，但其中皆有意无意保存了一些史料，甚至比之史部诸书上所载更为可靠的史料。

首先说到群经。提起群经，就会使人头痛，今日流行的一部《十三经》，古往今来不知消磨了多少学者的精力。一直到现在，仍然是一种

---

① 《史通·内篇·杂述》。

令人不能接近的怪物。

实际上，所谓群经，并不是什么神奇的天书，只是几部七拼八凑、残缺不全的古书。固然，由于其中文字的古奥、讹误、脱漏，致使义理不明，但这是一般古书的通病。这几部古书之所以令人头痛，一般的说来，是由于他们在经的尊称之下，被神秘化了。

因为一尊为经，则其中一言一句，皆被认为圣人垂世立教的微言大义。于是自汉以降，历代的经师皆以"说三字至二十万言"的著作来注释这几部古书。因而注疏之书，盈千累万。即一部《十三经注疏》而言，就有四百一十六卷，而其中所收之注疏，每经尚仅一家；又唐宋以后之注疏，且不在内。

这些著作，或注释名物，或训诂音义，或疏通经说，其中固有不少佳作。但亦有若干著作，繁辞缛说，节外生枝，以致下笔千言，离题万里。甚至"饰经术以文讦言"者，亦往往而有。因之，愈注愈疏，就愈繁重，愈玄妙，愈使人头痛；此古人所以皓首穷经而至死不通也。

经书令人头痛之最主要的原因尚不在此，而是今古文之争。本来在汉初，中国的经书，只有一种用当时流行的文字写定的本子，即所谓今文经。至哀、平之际，又出现了一种所谓古文经。这种古文经，系当时学者刘歆等伪撰而托为"孔壁遗书"。自是以后，今古文并行，以致真伪相乱，时代不明。于是而门户之见，流派之别，纷然杂起。今古文之争，纠缠了两千余年，难解难分。直以清代，才算作了一个结束。

当时史料看，我们对于今古文问题，似乎可以不管；但这个问题攸关群经的真伪，和它的时代，所以仍然不许我们逃避。在下面，我们对于今日流行之所谓《十三经》，分别给予以说明：

（一）《易经》，本是古代的一部卜筮之书，其著作年代，说者不一。顾颉刚氏谓在西周，郭沫若氏谓在春秋以后，孔子所不及见。这部书，原来只有卦爻辞，后来儒家学者加入了《易传》，于是变成了儒家宣传教义的圣经。

在西汉中期，《易》有施（雠）、孟（喜）、梁丘（贺）三家，是为今文三派。其中又出现费氏（直）的古文，京（房）、高（相）的别派，自魏王弼之注盛行江左，唐人因之以作正义，自是汉《易》诸家俱废。今《十三经注疏》所收者，王弼之《易》。

《易》自汉儒即加入了燕、齐方士之说。至王弼注《易》，《易》学遂与老、庄之道家言混合。五代、北宋间，道士陈抟又以道教中丹鼎之术，附会《易经》。至邵康节、周濂溪，于是而有先天、太极诸图，《易经》至此，达到了神秘的顶点。

自程伊川作传，少谈天道，多言人事，始稍净化。其后朱熹综周、程之说，作《易本义》，明、清宗之。首先反对道士《易》的是黄宗羲，他著《易学象数论》，攻击周、邵，跟着其弟宗炎又著《图书辨惑》，指出太极图说出于道士陈抟的无极图之秘密。同时，毛奇龄又著《河图洛书原舛》，与二黄之说相应，道士《易》便开始动摇。至胡朏明著《易图明辨》，于是蒙罩在《易经》上的神秘云雾，遂一扫而空。

（二）《尚书》，本是一部残缺不完的殷、周杂史。其产生的时代，各篇不同，有殷代之文，有西周之文。相传最古的《尚书》有三千余篇，孔子删为百篇，百篇《尚书》有序，其序见于《史记》，但仅传二十八篇。其后，河内女子献《泰誓》一篇，为二十九篇。《泰誓》旋佚，仍为二十八篇，是为今文《尚书》，亦即西汉中期的欧阳、大夏后（胜）、小夏后（建）三派所传之《尚书》。

平帝时，出现了伪古文《尚书》，比今文多十六篇，是为汉伪古文《尚书》。

东汉末，汉伪古文《尚书》亡佚。至东晋时复出，但比汉古文多九篇，为二十五篇，还附有一部伪孔安国传，是为晋伪古文《尚书》。自是以后伪《孔传》流行，今日《十三经》中的《尚书》，就杂有晋伪古文《尚书》。

东晋的伪古文《尚书》，自宋以来，就有人反对，朱熹就是第一个反对者。以后元吴澄、明梅鷟、清姚际恒继起响应。至清初阎若璩著《古文尚书疏证》八卷，便宣告了东晋伪古文《尚书》的死刑。

（三）《诗经》，是西周至春秋时期的一部诗歌集。西汉前期，今文经只有鲁（申培公）、齐（辕固生）、韩（婴）三家，但西汉末又出现了毛氏的古文经。自郑康成依《毛诗》作笺，以后《毛诗》孤行，而三家俱废。（齐诗亡于魏，鲁诗亡于西晋，韩诗仅存《外传》）今《十三经》中之诗，即郑笺之古文《毛诗》。

《毛诗》自唐中叶以后，即浸生异议，韩愈对《毛诗》序即表示怀疑。至于宋，学者群起反对，如郑樵作《诗辨妄》，王质作《诗总闻》，朱熹作《诗集传》，程大昌作《诗论》，王柏作《诗疑》，于是《毛诗》遂被攻击得体无完肤。元、明以降，学者宗朱说，而《毛诗》不行。到清代，姚际恒作《诗经通论》，崔述作《读风偶识》，方玉润作《诗经原始》，而《毛诗》遂受最后之清算。

（四）所谓《礼经》，在西汉初只有高堂生、徐生两家，其后武帝至宣帝时，有后苍氏、大戴氏（德）、小戴氏（圣）、庆（普）氏之《礼》，是为《礼经》的今文。但以后又出现了《仪礼》、《周礼》、《礼记》，是为"三礼"。"三礼"自郑康成作注，唐人因以正义以后，亦俨然成为圣经，而汉初《礼经》遂废。

《周礼》，多数学者皆以为刘歆伪作，为西汉末之著作。但亦有谓为晚周人所作者，如何休谓《周礼》为"六国阴谋之书"。郭沫若谓为"赵人荀卿子之弟子所为"。

《礼记》，《汉书·艺文志》已经注明是七十子后学者所记。郑玄《六艺论》云："戴德传记八十五篇，则《大戴礼》是也。戴圣传说四十九篇，则此《礼记》是也。"然则《礼记》即《小戴礼》也。但陆德明《经典释文》云："后汉马融、卢植考诸家异同，附戴圣篇章，去其繁重，及所叙略，而行于世，即今之《礼记》是也。郑玄亦依卢、马之本而注。"由此而知《礼记》之成，盖在东汉时。

《仪礼》为晚周之书，毛奇龄、顾栋高、崔述、牟庭皆有此说。姚际恒《仪礼通论》有云："《仪礼》是春秋以后儒者所作，如《聘礼》皆述春秋时事，又多用《左传》事，尤可见。"又云："《祝词》多用《诗》语，便知《仪礼》为春秋后人所作。"又云："前后多观摹乡党之文，而有意别为简练刻画以异之。"

（五）《春秋》，可以说是一部编年的"春秋"史，但这部书，过于简单。如果没有传，就令人看不懂。所以后来有《公羊》、《穀梁》、《左氏》三传，但这三传并不是同时产生的，在西汉初，只有《公羊传》一种。不久《穀梁》出来，《春秋》遂有两传，是为今文《春秋》。（一说《穀梁》亦系伪古文）西汉末，古文《左传》出现，于是《春秋》才有三传。东汉时，三传同行，《公羊》为盛。六朝后，《公羊》、《穀梁》同废，《左传》孤行。至于唐代，啖助、赵匡之徒，力诋三传，于是"《春秋三传》束高阁，独抱遗经究终始。"以后，学者多撰新传，而宋人胡安国之传，在明代立于学官，至是三传皆废。至清代，学者始再复三传，但以《公羊》为盛，而《左氏》、《穀梁》不振。今《十三经》中的《春秋》三传并录。

《公羊》为今文，似无可疑，《穀梁》暗袭《公羊》、《左氏》，杂取《周礼》、《毛诗》，义理乖戾，文辞不通。近人张西堂以此而疑其为汉人伪作。至于《左传》之为西汉末的伪书，刘逢禄在其《左氏春秋考证》一书中，辨之甚详。康有为《新学伪经考》亦谓《左传》乃刘歆分《国语》之大半，再缀拾杂书而成。故《国语》之所略者，即《左传》之所详；反之，《左传》之所详者，亦即《国语》之所略。此外，《左传》中，常杂有战国时代的辞句。如"不更"、"庶长"、"腊祭"等战国的官名或制度，由而知《左传》之成书，乃在西汉之末。

（六）《论语》，是孔门弟子所记之孔子的语录。西汉初有齐、鲁二家，《齐论》二十二篇，《鲁论》二十篇，是为今文。西汉末，又出现古文《论语》。古文《论语》与今文没有什么分别，只是把《鲁论》的二十篇变为二十一篇，即将《鲁论》之末一篇"尧曰"分为"尧曰"与"子张"二篇。自张禹合《齐》于《鲁》而《齐》、《鲁》相混，郑康成复合《齐》、《鲁》于古文《论语》，于是真伪不辨。今《十三经》中之《论语》，即今古文混合以后的《论语》。

（七）《孝经》本是汉人所撰的一部修身教科书，但亦有古文。古文经与今文不同者，即今文为十八章，古文则分为二十二章。《孝经》之伪中出伪，不仅一次，而是至再至三。第一次，出于西汉末叶，第二次出于隋之刘炫，第三次出于日本之太宰纯（刻入《知不足斋丛书》第二集中）。郑玄注《孝经》是用的今文本，但是唐注出而郑注微；至宋初，郑注遂亡。今《十三经》中的《孝经》，是唐注本。

（八）《尔雅》，本是秦汉时代的一部名物辞典，与圣道并不相干。其出现在平帝时，又有与《毛诗》、《周礼》训诂相合者，故近人亦有谓此书为刘歆伪撰者，但我以为刘歆没有理由伪撰此书。

总上所述，我们知道，今日流行的《十三经》，其中除《尔雅》、《孟子》以外，都有伪古文。此种伪古文经，大多数出于西汉之末，但亦有出于东晋者，如《尚书》；更有于出隋代者，如《孝经》。然而皆谓为圣人的真经，这样，就真伪相乱，时代不明了。

以上我简略的说明了群经的今、古文之分，产生的时代及其演变的源流。从这里，我们知道在今日流行的《十三经》中，除《尔雅》、《孟子》外，其余或全为古文，或今、古文并出。我们既从群经中辨别了今文和古文，是不是凡今文皆真，古文皆伪呢？不然。这里所谓真伪，只是今文经对古文经而言。因为古文经对今文经作伪，所以说古文经是假的，今文经是真的。实际上今文经中也有伪文，古文经中也有真史。

例如今日被证实为今文经之《诗》三百零五篇、《书》二十九篇、《礼》十七篇、《易》十二篇、《春秋》十一篇、《论语》（鲁论）二十篇、《孝经》一篇十八章，并非古人自己的记录，而皆为周、秦间学者所纂集，其中固有不少真为古代的实录，亦有儒家托古的伪作。有西汉时加入之篇，如《书》之《泰誓》，《易》之《说卦》等。此外甚至有全为汉人伪撰之书，如《孝经》。他如《尚书》中之《尧典》、《皋陶谟》、《禹贡》、《甘誓》（近人亦有疑《洪范》、《梓材》、《胤征》、《康诰》者）、《论语》中之后五篇（《季氏》、《阳货》、《微子》、《尧曰》、《子张》），都是后人的伪作，固不能因其为今文而即认为真史也。

古文经对今文经而言，虽为伪经，但亦并非凭空杜撰，而为西汉末许多学者根据今文经及其他古典文献纂集而成。近来疑古学者往往站在今文家的立场，把古文经的纂集归之于刘歆一人的伪造，而且完全为了一种政治目的，即辩护王莽改制。这种说法，未免过火。假如刘歆真能一手伪造群经，则他不仅可以称圣人，而且可以称为超圣人了。

实际上，古文经中，还是含有真实的史料。例如，《左传》，虽为《春秋》古文，但其所记，为《春秋》的史实，而且纠正了今文《公羊》上的若干错误，只要我们不为它的八股式的"书法"所蔽，仍然是研究春秋社会历史的最好史料。《毛诗》是古文，但其所录，为西周、春秋的诗歌。只要我们不为那种武断诗的时代、歪曲诗的本义之《毛诗序》所蔽，则《毛诗》仍然是研究西周、春秋社会的最好的史料。《周礼》虽伪，但其中有一部分仍可以认为战国史料。《孝经》虽伪，但由此可以看出汉人的伦理观念。古文《尚书》虽伪，但由此可以看出西汉末叶对古史的传说。关于这些，我们又不能因其为古文而遂认为伪史也。

至于群经中间关于没有文字时代的纪录，如虞、夏之文，不论其为今文，为古文，为西汉人所伪，抑为东晋人所伪，说是真的，都是真的，因为都是记录传说；说是假的，都是假的，因为都不是古人自己留下来的记录。故关于虞、夏之文，只要有考古资料做根据，无论今文和古文，都可以引为旁证。

其次说到诸子。当作史料看，诸子之书，是研究先秦学术思想最主要的史料。而且其中亦有记述前代史实及反映或暗示当时社会内容的记录，故又为研究先秦社会史最好的资料。

诸子和群经相反，不但没有被尊为圣经，而且在儒家学说的教义独裁之下，被指为"异端"，为"邪说"，为"奸言"，为"愚诬之学"、"杂反之辞"。即因如此，所以也就没有蒙上神秘的云雾。虽然如此，诸子之书，派别分歧，真伪杂出，所以一提到诸子，也令人有目迷五色之感。

关于诸子的学术思想的流派，战国时即有著录。

《庄子·天下篇》所举者有九家：曰墨翟、禽滑釐（附相里勤、五侯、苦获、已齿、邓陵子），曰宋钘、尹文，曰彭蒙、田骈、慎到，曰关尹、老聃，曰庄周，曰惠施（附桓图、公孙龙）。

《尸子·广泽篇》所举者有六家：曰墨子（即墨翟），曰孔子，曰皇子，曰田子（即田骈），曰列子，曰料子。

《荀子·非十二子篇》所举十二家：曰它嚣、魏牟，曰陈仲、史鲗，曰墨翟、宋钘，曰慎到、田骈，曰惠施、邓析，曰子思、孟轲。《天论篇》所举者四家：曰慎子、曰老子、曰墨子、曰宋子。《解蔽篇》所举者六家：曰墨子、曰宋子、曰慎子、曰申子、曰惠子、曰庄子。

《韩非子·显学篇》所举者两家：曰儒，曰墨。"儒之所至，孔丘也；墨之所至，墨翟也。"又于儒分八派，曰："自孔子之死也，有子张之儒，有子思之儒，有颜氏之儒，有孟氏之儒，有漆雕氏之儒，有仲良氏之儒，有孙氏之儒，有乐正氏之儒。"于墨分为三派，曰："自墨子之死也，有相里氏之墨，有相夫氏之墨，有邓陵氏之墨。"此外并附有宋荣子曰："夫是漆雕之廉，将非宋荣之恕也；是宋荣之宽，将非漆雕之暴也。"

《吕氏春秋·不二篇》所举者十家：曰老耽（聃），曰孔子，曰墨翟，曰关尹，曰子列子，曰陈骈（即田骈），曰阳生（即杨朱），曰孙膑，曰王廖，曰儿良。

以上诸书，皆系战国时代的著作，其所著录，当系时有其人（惟皇子、料子、它嚣无可考），实有其学。关于上述诸家，据近人考证，除孔子、史鳍、邓析为春秋末年人外，余均为战国时人。即孔子的学说，经其门徒纂集，其成书，当亦在战国时。在这里，只有老子的时代，近来成为问题。以前，皆以老子为孔子的前辈，晚近梁启超著《论老子书成于战国之末》一文，辩证《老子》是战国末年的著作，我同意这种说法。所以诸子之书，大概都是战国时期的作品。

关于诸子的学术思想，在上述诸书中，我们只能看到个别的叙述。虽其中亦隐约可以见其流派，但并无整然之划分。自刘歆《七略》，创为九流出于王官之议，班固因之以作《汉书·艺文志》，于是诸子之书别为十家：曰儒家、曰道家、曰阴阳家、曰法家、曰名家、曰墨家、曰纵横家、曰杂家、曰农家、曰小说家。本为十家，而又曰："其可观者，九家而已。"盖以此而符合于刘歆之所谓九流也。

按九流出于王官之说，显系后起之义。不但在战国诸子的著作中，看不见此说之踪影；即汉初《淮南子·要略》论诸子的学说之起源，亦无此说。《要略》之言曰：

有殷周之争，而太公之谋生；有周公之遗风，而儒者之学兴；有儒学之敝（礼文之烦扰），而后墨者之教起；有齐国之地势，桓公之霸业，而后管子之书作；有战国之兵祸，而后纵横修短之术出，有韩国之法令（新故相反，前后相谬），而后申子刑名之书生；有秦孝公之图治，而后商鞅之法兴焉。

《要略》所论，虽不必尽对，但在原则上，他认为诸子学说的兴起，都是时代的产物，这是很正确的。

关于诸子学说的渊源，这里不及多说；这里要说的是诸子的著述之存佚和真伪问题。

据《汉志·诸子略》所录，诸子十家，凡作者一百八十九家，书四三二四篇，其著述之繁富，可以想见。惟《汉志》所录，不限于先秦诸子，汉人的许多著作，也著录在内。而且其中伪托之书，占最大多数。关于这一点，我们可以从《汉志》中竟录有黄帝、神农、风后、力牧等神话人物之著作，可以推知。

不论《汉志》所录，是真是伪，而其所录各书，大都皆以亡佚；今所存者，不过十之一二而已。而且这十之一二的存书中，还有很多伪书。先秦的著作，实在屈指可数。

据梁启超《〈汉志诸子略〉各书存佚真伪表》所列，《汉志》所录，儒家之书五十三家，已佚者四十五，仅存者八家，即晏子、孟子、孙卿子、贾谊、董仲舒（即《春秋繁露》）、《盐铁论》、刘向所序四种之三（《新序》、《说苑》、《列女传》）、杨雄所序四种之三（《太玄》、《法言》、《州箴》）。道家之书三十七家，已佚者三十四，仅存者三家，即《老子》、《庄子》、《管子》。法家之书十家，已佚者八，仅存者二家，即《韩非子》、《商君书》。名家之书七家，已佚者五，仅存者二家，即《公孙龙子》、《尹文子》。墨家之书六家，已佚者五，仅存者一家，即《墨子》。杂家之书二十家，已佚者十八，仅存者二家，即《吕氏春秋》、《淮南子》。此外，阴阳家之书二十一家，纵横家之书十二家，农家之书九家，小说家之书十五家，皆已全佚，仅能于他书中见其遗说。

　　但是传世的子书，却不仅此数，例如儒家中有陆贾《新语》，道家中有《鬻子》、《文子》、《关尹子》、《列子》、《鹖冠子》，法家有《慎子》，名家有《邓析子》。此外并有《汉志》所无之书，如儒家中之《孔丛子》、《六韬》，道家中之《阴符经》、《子华子》、《亢仓子》，纵横家之《鬼谷子》，杂家之《于陵子》等，这些书，近来已经证明是后人伪托的。

　　关于诸子中的伪书，姚际恒《古今伪书考》曾列举全伪之书三十七种。《四库全书总目提要》亦曾于诸子书目之下，一一注明"全伪"、"疑伪"及"疑撰人"等字样。据晚近学者研究，诸子之书，已决定全书皆伪者有《孔子家语》、《孔丛子》（现已公认为魏王肃伪撰）、《阴符经》、《六韬》（汉以后人伪撰）、《鬻子》、《关尹子》、《子华子》、《文子》、《亢仓子》、《鹖冠子》、《鬼谷子》、《尉缭子》（魏、晋至唐陆续伪撰）、于陵子（明人撰）、陆贾《新语》、贾谊《新书》、《老子河上公注》（晋以后人伪撰）、《吴子》、《司马法》、《晏子春秋》（大约西汉人伪撰）、《列子》（疑为晋张湛撰）。至于凡托名神话人物之著作，如《神农本草》、《黄帝素问》、《风后握奇经》等，其为后人伪托，更无可疑。此外如《申子》、《尸子》、《慎子》、《尹文子》、《公孙龙子》，原书皆佚。今传者或由近人辑出；但原书是否为本人所作，抑为秦汉人依托，也是问题。

　　又如《管子》、《商子》、《孙子》，其书不伪，但决非管仲、商鞅、孙武所撰，而为战国末年人之书。

　　《老子》、《墨子》、《庄子》、《韩非子》是真书，但其中亦杂有伪篇。如《老子》中"佳兵者不详"一节，《墨子》中"亲士"、"修身"、"所染"三篇，《庄子》中之外篇及杂篇之一部，《韩非子》中"初见秦"一篇，都是后人窜乱之作。

总之，诸子之书，都是先秦古书。两千年来，由于传抄传写而发生讹误，已属不少，而又不断有人伪托，窜乱，所以几乎没有一部完全的真书。因而我们从诸子采用史料时，就要用一番工夫去判别他们的真伪。但这不是说伪托之书就完全没有史料的价值；伪托之书，只要我们知道他们作伪的时代，他还是那个时代的史料。例如《周髀算经》，当作周公作则错；当作周末汉初人作，则仍然是这一时代的古算书。《秦问》、《难经》，当作黄帝及秦越人作则错；当作秦汉间人作，则仍然是这一时代的古医书。

再次说集部诸书。集部诸书，在四部中问题最少。因为他们既不如经书之被神化，亦不如子书之多伪托，又不如史书之有窜乱。如果说他们也有问题，那就只是间有传刻的错误而已。

集部之书，并非专记史实之书，大抵皆系纯文学的，至少亦为含有文学性的著作，其为研究文学史之主要的资料，尽人皆知。章实斋曰："文集者，一人之史也。"其实，何只文集如此，诗词歌赋、小说剧本，又何尝不是历史资料。而且又何只是一人之史，在任何时代的文学作品中，我们都可以找到作者对当时社会所涂绘的阴影；不过他们所涂绘的阴影，有浓有淡而已。所以我以为集部之书，当作史料看，它们正是各时代的社会缩写，正是各时代的人民呼声，正是千真万确的历史记录。而且其中的历史记录，往往是正史上找不出来的。

例如《楚辞》，在集部中是最古的一种，其中《天问》，记录着战国末叶楚国流传的许多神话传说。在《离骚》中，记录着当时楚国的党争。其他各篇，描写战国末年楚国流行的风俗。这些在战国时的史书中是找不到的。

又如在汉赋中，班固的《两都赋》，张衡的《两京赋》，对于两汉的都市、宫室以及许多琐碎的掌故之记录，是两《汉书》中找不出来的。

在三国时的五言诗中，如王粲的《七哀诗》，描写大混战中之难民逃亡的情形。曹植的《名都篇》，描写当时有闲阶级的生活。而这些，又是《三国志》中找不出来的。

在唐诗中，如杜甫之《石壕吏》、《潼关吏》、《新安吏》、《新婚别》、《垂老别》、《无家别》，描写安史之乱中唐代政府捆绑壮丁的情形；《哀江头》，描写沦陷以后的长安。白居易的《重赋》，描写唐代农民之被收夺，《轻肥》、《歌舞》、《买花》、《伤宅》，描写唐代统治阶级之骄奢淫逸；《盐商妇》描写唐代商人之豪富。韦庄的《秦妇吟》，描写黄巢入长安的情形。此外，在唐诗中，诗人之记述其所身历的事变和目睹的社会状况的诗歌，尚不知有多少人。其所暴露的事实，又都不是新、旧《唐书》上所能找出来的。

在宋词中，欧阳修的《渔家傲》，描写北宋时一年十二月的节日。秦观咏汴州，谓当时汴州充满了"珠钿翠盖，玉辔红缨"。王与之咏杭州，谓当时杭州"千门绣户笑歌声"。柳永咏钱塘，谓当时钱塘"参差十万人家"。此外如辛弃疾、陆游的作品，都反映出故国山河之感。这些关于风俗、都市和知识分子的情绪，又都不是《宋史》上所能找到的。

在元曲中，如《窦娥冤》、《鸳鸯被》，描写元朝统治者的高利贷，以人抵账。《朱砂担》、《冯玉兰》描写元朝统治者之强奸杀人。《陈州放粮》，描写元朝统治者的贪污腐化。《冻苏秦》、《荐福碑》，描写在元朝统治下知识分子之陷于饥饿。这些，又都是《元史》上找不出来的。

在明代的传奇中，如孔尚任的《桃花扇》，描写南明福王政府之任用宦官党、投降派，放逐忠良，排斥贤士大夫，贪污无耻，内战第一，以及清兵南下时望风而逃的情形，历历如在目前，而这在将来的清史中，对于这一段历史，也未必写得这样生动。

此外，在明、清的章回小说中，也反映出不少的史实。虽然在小说中的人物事实，大半都是假设；但在作者当时，则必须有这一类型的人物和事实。例如《水浒传》中写史进、林冲、鲁达、杨志，都是逼上梁山。不管有无史进等其人，而在明代政府的暴虐政治之下，人民之被迫而暴动，则为事实。又如《儒林外史》写士大夫周进、范进那样热衷可耻，写戏子鲍文卿那样忠厚可爱。不管有无周进、鲍文卿其人，而明代士大夫的风格，不如戏子，则为事实。同书写一个秀才倪老爹，后来竟至修补乐器为生，而且卖了自己的四个儿子。不管有无倪老爹其人，而明代知识分子穷到卖儿卖女的，一定不少，则为事实。又如《金瓶梅》写西门庆的荒淫无耻、武断乡曲、奸淫人民的妇女。不管有无西门庆其人，而明代有这样的豪绅则是事实。又如《红楼梦》写大观园里的秽史。不管有无大观园，而在清代的贵族中有这样豪奢、腐败、淫秽的家庭，则是事实。

总之，自楚辞、汉赋、唐诗、宋词、元曲，以至明、清之传奇小说，乃至现在的许多文艺作品，它们表现出中国文学自己发展之一系列的历史过程；也反映出历史上所不载的社会发展的内容，所以它们是文学，同时也是史料。

五　四部以外的各种文字记录

不仅四部之书皆为史料，即四部以外之任何文字的记录，都有史料的价值。诚如韩愈所云："牛溲马勃，败鼓之皮，俱收并蓄，待用无遗。"只要我们善于抓梳，废纸堆中，往往可以找到比经史子集中更可宝贵的史料。

例如原藏内阁大库之清代档案，民国以来，人皆视同废纸，以后竟当成废纸，廉价拍卖（以档案四分之三，售与故纸商，数九千袋，得价四千元）。但是这庞大的废纸堆中，却含有极其珍贵的史料。例如其中有关于鸦片战争之文件，即有四五十卷。又如其中之康熙年间与俄皇大彼得、法王路易十四往来的文件，更是研究清初的外交宝典。关于档案之整理，只有罗振玉曾就其所得之一部编为《史料丛刊》十册。此外王芷章曾就档案中有关于清代宫廷戏剧者，编为《清昇平署志略》二卷。其有待于我们整理者，其数量至为庞大，其工作亦至为艰巨。

又如碑铭墓志，看起来，似乎与历史无关，但是其中也往往有珍贵的史料。例如"大秦景教流行中国碑"（唐建中二年）记基督教始入中国事。开封"挑筋教人所建碑"（明正德六年）记犹太人及犹太教始入中国事。"九姓回鹘可汗碑"（唐刻无年月）记回鹘的历史及与唐朝的关系事。"唐蕃会盟碑"（唐长庆间刻）记唐与吐蕃会盟事。而且在前两块碑文上还保存了古代外国文字。如"大秦景教碑"有古叙利亚文，"九姓回鹘可汗碑"，有古突厥文、粟特文。"唐蕃会盟碑"则有古吐蕃文，因而这些碑铭又是研究古外国文字和古吐蕃文字的资料。此外，私人的墓志，也有时足以补史籍之缺失。如杨家将在宋史中并不重要，但我们读欧阳修所作"供备副使杨君（琪）墓志"，而后知杨业父子，在当世就有"无敌将军"之称。又如七下西洋的郑和，读《明史》，我们只知道他是一个宦者。但自昆明发现"马哈只墓志"，而后知郑和的父亲是阿拉伯人。他若碑碣的捐款数目，足以推知立碑时的物价和人民的生活程度。

私人的函札，似乎无关大局；但其中也有些足以补史籍之缺失。例如司马迁《史记·自序》，述其遭受腐刑，几不知其故；但读其《报任安书》，则详知其事。又如三国时，中国大疫，《三国志》仅书某年大疫，而不记其程度。但读魏文帝《与吴质书》，而后知"昔年疾疫，亲故多罹其灾。"又如读多尔衮《致史可法书》，而后知清兵在征服明朝的战争中，曾执行诱降的政策。读明桂王《致吴三桂书》，而后者知桂王求为藩封。此外如清朝的曾、左、李、胡诸集所载的信札，都是研究近代史最好的史料。

宗教经典，看起来似乎是一种迷信的说教，但其中也有史料。例如《释氏要略十诵律》云："以佛塔物出息，佛听之。"僧祇云："供养佛华，多听转卖入佛无尽藏中。"这就反映出唐代的僧侣打起佛教的旗帜大放高利贷。此外在各种佛典中都充满了古印度的神话传说。又如基督教的《创世纪》中有"罗得和他女通奸"，"亚伯拉罕和他妹子结婚"等故事，这些都是犹太最古的传说。

又不仅以上的文字纪录中皆有史料，诚如梁启超所云："一商店或一家宅之积年流水账簿，以常识论之，宁非天下最无用之物？然以历史家眼光观之，倘将'同仁堂'、'王麻子'、'都一处'等数家自开店迄今之账簿及城间乡间贫富旧家之账簿各数种，用科学方法一为研究整理，其为瑰宝，宁复可量？盖百年来物价变迁，可从此以得确实资料；而社会生活状况之大概情形，亦历历若睹也。又如各家之族谱家谱，又宁非天下最无用之物？然苟得其详赡者百数十种，为比较的研究，则最少当能与人口之出生死亡率及其平均寿数，得一稍近真之统计。舍此而外，欲求此类资料，胡可得也？"（《中国历史研究法》）

又岂仅如梁氏所云账簿、家谱可以当作史料，即杂志、报纸、传单，亦无一不是史料。假如我们把抗战以来，各种杂志中主张民主与反对民主的论文汇集起来，就可以写成一部抗战以来的政治思想史。又假如我们将抗战以来报纸上所载的贪污事件汇集起来，就可以写成一厚本贪污列传。将报纸上可载的兵役故事汇集起来，就可以写成若干新《石壕吏》的诗歌。将报上所载之敌人暴行汇集起来，就可以写成无数的新

《屠城记》。在相反的方向，假如我们把报上所载的沦陷区域的人民起义事件汇集起来，又可以写成无数的英雄传记。总之，只要我们耐烦去搜集，则无往而非史料。

（收入翦著《史料与史学》，上海国际文化服务社1946年4月出版）

正在泛滥中之史学的反动倾向

近来，在中国史学的领域中，有一种复古的倾向。这种复古的倾向，表现于有人企图把中国的史学研究，拉回古典学派的道路。这里所谓古典学派，即指乾嘉学派的"末流之末流"。

我要着重地指出，这种复古的倾向，是中国史学向前发展中的一个反动。这种反动，不是几个抱残守缺的学究之个人的行动，而是"当作一个阶级的愚民政策"之一部而出现。这个阶级，现在正向全国的人民宣战，他们企图用资本主义的武器，保卫封建的统治，因而史学的复古运动者，也就企图以腐朽的古典学派作武器，进攻科学历史学派的城堡。

　　文化的复古与政治的反动是分不开的。有王莽的篡汉便有刘歆出现为新莽王朝的国师，替王莽窜乱经传，以说明王莽篡汉之符合于圣人的教义。刘歆虽然和王莽一同埋葬了，但"刘歆型"的文化奴才，直到现在依然存在。这说明了只要有人想做王莽，就有人愿做刘歆。

　　今天中国虽不是王莽的时代，然而却有人想做王莽的事业。因而文化的复古，还是当前重要政治任务。具体的事实指示出来，早在抗战期间，学术的复古就在不断地蠢动，特别是史学的复古。因为现实的斗争在史学中反映得格外强烈，格外鲜明。

　　我记得在抗战的首都重庆，曾经召开过一次所谓"全国历史学会"。在这次会议中，应诏而至者有二百以上大学和专科的史学教授。这个会议的目的，就是要组成一个古典派的史学阵容，以对抗科学的历史学派。不幸因为缺少一个领导人物，这次会议算是白开了。

　　抗战结束，内战展开，政治反动日益强烈，因而史学复古的要求更加迫切。恰好这时就有刘歆那样的文化奴才从美国回来，自告奋勇，于是酝酿已久的史学复古运动终于展开了。

　　说到这位复古运动的领导者，大家应该记得，他在五四运动前后，曾经揭起实验主义的旗帜以与古典派为敌。现在为什么又转而投到古典派的旗帜下呢？很明白，这不是他个人兴趣的转换，而是他前后的政治任务不同。在"五四"前后，中国市民阶级和美帝国主义的共同敌人是封建残余。当作一个市民学者或文化买办，他的文化任务，当然是反对作为封建残余的意识形态的古典派。现在，中、美两国反动派之共同的敌人，是中国的民主主义者，因而当作一个共同的文化奴才，他的任务自然是纠合一切保守、落后、腐朽的学究，以与新的科学历史学派为敌。不过，和中国的封建残余之为美帝国主义的傀儡一样，中国的古典学派也不过是美国文化买办玩弄的古董而已。

　　古典派（即乾嘉学派的本身）并不反动；只有在两百年后的今日，

重新回到这个学派才是反动。因为各种学派都有他自己的时代。在他自己的时代里都有进步性。古典学派治史的方法，在乾嘉时代是崭新的方法，这表现于它反宋明理学踏空的作风，而以无信不征的精神，开辟了实事求是的学风。

但是研究学问的方法是与时俱进的，跟着时代的前进，就会出现更新的方法；而过去之新的方法，就会变为陈旧。乾嘉学派也不能例外。自从逻辑学的方法传到中国，乾嘉学派的方法即已相形见绌。到现代中国的史学，已经踏上科学的阶梯，乾嘉时代的方法自然更显得幼稚了。

假如把史学方法比作镜子，则乾嘉学派的方法是铜镜，逻辑学的方法是玻璃镜，而科学史观则是X光线。至于乾嘉学派的末流之末流，他们手中所有的，则不过是他们祖传下来的一面生了锈的铜镜而已。因而复古主义者在今日而提倡乾嘉学派，这就无异放着X光线不用，而主张使用一面生了锈的铜镜。

诚然，乾嘉学派也留下了光辉灿烂的成绩。这种成绩，直至现在还被视为中国学术中之最珍贵的遗产。他们对于史学的贡献，也有不朽的劳绩，特别是对于史料的搜集和考证。不过，他们的努力也就止于史料的整理而已。假如史学的任务不仅是整理史料，还要写成完整的历史，则乾嘉学派对于史学所做的工作只是一半。

而且就这一半工作而言，他们所做的又仅限于文献学方面；对于考古学、民俗学的史料，并未着手，因而对于上古的努力，只是写成了一些神话传说的汇编。其对于有史以后的史料之考证补注，大抵亦以文献为据。假如史料的范围不限于文献，而还存于文献以外，则乾嘉学派整理史料所做的工作只是一半。

再就这一半的一半而说，乾嘉学者所做的工作，又偏于僵死的一面。例如就其所补各史表志而言，十之八九为地理志，其次为经籍志，又其次为天文志、律历志，而对于与社会经济有关的食货志，对于与生活习惯有关的舆服志，对于与艺术活动有关的乐志，则无人措意。他若保存在历代文艺作品中的史料，更是原封未动。假如保留在文献中的史料，除僵死者外尚有生动的部分，则乾嘉学派对于文献学上的史料之整理，又只做了一半。

总而言之，所谓乾嘉学派的史学，其全部内容，就是史料的考证与整理；而史料之考证与整理，又偏于文献学方面；在文献学方面，复偏于僵死的部分。这对于史学而言，只是做了一个局部而又局部的准备工作而已。

以上是就乾嘉学派的鼎盛时代而言。降及末流，则专以摭拾丛残、毛举细故为能事，因而支离烦琐，愈趋芜秽。对于这些末流，章实斋曾有这样的批评：

> 今之俗儒，且憾不见夫子未修之《春秋》，又憾戴公得《商颂》而不存七篇之阙目，以谓高情胜致，互相赞叹。充其僻见，且似夫子删修，不如王伯厚之善搜遗逸焉。盖遂于时趋，而误以掌绩补苴，谓足尽天下之能事也。幸而生于后世也；如生于秦火未毁以前，典籍具存，无事补辑，彼将无所用其学矣。

梁启超也说：

> 总而论之，清儒所做辑佚事业，甚勤苦，其成绩可供后世专家研究资料者不少。然毕竟一抄书匠之能事耳。末流以此相矜尚，治经者，现存的三礼郑注不读，而专讲些什么《尚书》、《论语》郑注；治史者，现成的《汉书》、《三国志》不读，而专讲些什么谢承、华峤、臧荣绪、何法盛；治诸子者，现成的几部子书不读，而专讲些什么《鬻子》、《燕丹子》；若此之徒，真可谓本末倒置，

大惑不解。

末流如此，至于末流之末流，即今日之所谓古典学派，则更等而下之。他们再没有他们先辈那样的智慧魄力和学问，进行大规模的史料的辑补和考证，只是抓剔糟粕，吹求阙失，企图抄袭陈说，翻为新论；钩稽幽隐，用眩流俗。而其所钩稽与所吹求，又皆支离断烂，无关弘旨；僵死干枯，绝无生气，正如一大旧货摊，破铜烂铁，无所不有，而一无可用。然而他们却人人自以为握灵蛇之珠，个个自以为怀荆山之玉。不知其所握所怀，都是破铜烂铁。退一步说，即偶使有珠玉，他们也不能琢以为器，贯而为串，依然为无用之物。

一言以蔽之，今日之所谓古典派，实已由"史料的整理"堕落到"史料的玩弄"。然而他们却以为史之为学，就是"史料的玩弄"；而且只有玩弄史料，才算是史学的正宗、史学的上乘、史学的专家。实则这些玩弄史料的专家，正是章实斋之所谓"横通"，盖琴工碑匠之流亚。然而他们亦遂江湖挥麈登坛说法，嚣然自命，不自知其通之出于横也。

任何人都知道，史学的任务决不是史料的玩弄，亦不止于史料的整理，而是要辩证史料，综合史料，写成完整而有系统的历史。然而今日之古典派，他们以为只要把史料变成历史，便不算史学。

诚然，史料的整理与鉴别，是研究历史最基本的工作；但史料不就是历史，正犹砖瓦不就是房屋，秫黍不就是酒。然而今日之古典派，却指史料为史学，是直指砖瓦以为房屋，指秫黍以为酒，其为错误，尽人皆知。

任何学问都要依从正确的方法，才能得到正确的说明。历史也是一样，没有正确的方法，则虽有史料，也不会成为说明历史的资料，"正犹愚贾操金，不能货殖。"

没有方法，不但不能写成历史，即搜集史料也不可能。因为史料并不像放在钱柜里的金银，随手可得；而是像矿石一样，埋藏在人所不知的地方。没有采矿学的知识，虽身入宝山，也只有空手而回。今日的古典派即使据有宝山，也是枉然。

古典学派已腐烂至此，何以复古运动者还要提倡他呢？这就是因为这个学派具有回避现实，学以为学的传统，足以愚弄青年，僵化青年。他告诉青年，治史的目的，不是为了致用，而是为了娱乐；不是为了从历史上吸收经验与教训，而是昏迷于废纸堆中，不省人事。这样习而久之，一个青年便会变成没有思想没有灵魂的废物，便会变成不辨黑白、不辨是非的呆子，从而他们就会把独裁当民主，把人民当土匪，把美军强奸中国女学生当"法律问题"，特别会把《水经注》当作最了不得的学问。这样，一个青年便会白首寒窗而至死不通。结果，和蠹鱼一样葬身于断简残篇之中。

假如古典派之玩弄史料是"玩物"，则复古运动者之愚弄青年，便是"玩人"。但是，我要正告复古运动者，今天的青年，已经不是乾嘉时代的青年，他们是不会被玩弄的。他们对于专制独裁的暴政，不是容忍，而是反抗，他们决不会从斗争的前线退到"时代的后院"。他们正高举唯物史观的旗帜，把科学方法当作X光线，照明中国史发展的规律、过程及其倾向，照明反动者的五腑六脏，当然也会照出刘歆的心肝。

（上海《文萃》第二年十五、十六合刊，1947年1月22日出版）

关于历史人物评论中的若干问题

一

　　一两年来，在报纸杂志上发表了不少评论历史人物的文章。许多历史人物，如屈原、荆轲、秦始皇、岳飞、史可法等都被提出来重新加以评论，这是一种很好的现象。但是在人物评论中，仍然存在着一些问题；在这篇文章中，我想把这些问题提出来讨论一下。

二

在历史人物的评论中，经常可以看到这样一种倾向，即离开具体的历史条件，对历史人物提出过分的要求，甚至用今天的标准去要求历史人物。好像不如此就会失掉立场，就不能通过具体的历史人物去进行阶级斗争的历史教育。

作为一个人民的历史教师或历史研究者评论一个历史人物，是应该公开地站在工人阶级的立场去和封建地主阶级、资产阶级对历史人物的歪曲作坚决的斗争；但站在工人阶级的立场不等于要用今天的、乃至今天工人阶级的标准去衡量历史人物，而是要求我们用工人阶级的历史观点，即历史唯物主义的观点去评论历史人物。

从历史唯物主义的观点出发，评论一个历史人物，当然不是要求我们用今天的标准去要求一个历史人物；而是要严格的联系到这个历史人物所处的历史时代和历史条件，进行具体的分析。因为一定的历史时代只能产生一定的历史人物，这是历史的局限性。如果把这种历史的局限性置之不顾或估计得不够，都不能正确地评价一个历史人物。

1938年11月14日联共中央关于因《联共（布）党史简明教程》出版而应如何进行党的宣传的决议中指出，包克洛夫斯基"学派"的错误就在于："这个'学派'歪曲地解释历史事实，它违反着历史唯物主义，而以今天为观点，不是以历史事变所处的条件为观点来分析历史事实，因此也就曲解了真实历史。"[①]这几句话适用于历史事实的评论，也适用于历史人物的评论。

但是在历史人物的评论中，近来竟有人替秦始皇扣上"极端的唯武

---

① 《马克思恩格斯列宁斯大林思想方法论》，人民出版社，1953年，第307页。

器论者"①的帽子，又有人批评秦始皇，说他"登上宝座以后，胜利冲昏头脑，便开始脱离群众"。②又有人宣布关羽的罪状，说他有"个人英雄主义"以及"破坏统一战线"等情形。③又有人批评岳飞，说岳飞虽然曾经抵抗金人的侵略，但因他后来服从宋高宗赵构的命令，从前线撤退，就是"封建奴才思想"，就只能成为一个"封建时代的平庸脚色"，就不算是"民族英雄"。④又有人责备史可法，说他曾经镇压过农民革命，又没有做好"统一战线"工作，因而以为他虽然"宁死不降，也只是为了殉阶级，并不是为了殉民族"。⑤像这样的一些说法显然是非历史主义的，因而都是不对的。

我们可不可以替秦始皇扣上一顶"极端唯武器论者"的帽子，并责备他说他"脱离群众"呢？我以为是不可以的。因为封建主义乃至资本主义时代的统治者，他们只能认识武器的力量，不能认识群众的力量。我们怎能要求两千年前的秦始皇不唯武器呢？至于秦始皇之脱离群众，并不是胜利冲昏了头脑，在他的头脑未被胜利冲昏以前，也没有接近过群众，因为一个封建皇帝是不能接近群众的。

我们可不可以替关羽扣上"个人英雄主义"的帽子并加他一个"破坏统一战线"的罪名呢？我以为是不可以的。因为"个人英雄主义"只有在人民群众当家作主的今天才被批判，封建时代正是"个人英雄主义"的时代。至于"统一战线"之出现于中国的历史，是在中国共产党诞生以后，关于这一点，毛主席在《〈共产党人〉发刊词》中说得很明白，他说："统一战线，武装斗争，党的建设，是中国共产党在中国革

① 述彭：《秦始皇》，载1951年10月26日《进步日报》史学周刊第四十二期。

② 胡思庸：《问题讨论》，载《新史学通讯》第一卷第七期。

③ 丘沙：《从〈关羽之死〉想到旧剧改革》，载《文艺报》第二卷第二期。

④ 秦文兮：《岳飞到底算不算民族英雄》，载《历史教学》第一卷第五期。

⑤ 丁正华：《史可法是民族英雄吗？》，载《历史教学》第十七期。

命中战胜敌人的三个法宝，三个主要的法宝。"①由此可知，"统一战线"在中国共产党诞生以前是不可能出现的。照我的体会，"统一战线"是指工人阶级为了进行革命斗争而团结并领导其他阶级的一种阶级政策，并不能应用于两个封建统治集团的联盟上。因而即使吴、蜀两国的联盟是由于关羽的骄傲而被破坏，也只能说他没有做好外交工作，不能说他破坏了"统一战线"。

岳飞和史可法他们都有缺点，都不是完人，例如他们都忠于地主阶级，忠于封建皇帝，并且都曾经和农民为敌，但我们可不可以因此就说他们不能称为民族英雄呢？我以为是不可以的。因为他们都曾经忠心地、英勇地保卫过祖国，都曾经企图使祖国从外来的侵略者的进攻中得到拯救，并且都曾经为了这样的目的而献出了自己的生命。就在这一点上，他们的业绩在客观上就已经超过了他们褊狭的阶级利益而被提高到种族国家利益上了。假如我们不要求一个封建时代的将领没有忠君思想，不要求一个封建时代的爱国主义者就具有和我们今天一样的爱国主义精神，我以为岳飞和史可法是可以而且应该称为民族英雄的。

三

在历史人物的评论中，又可以看到一种与上述的情形相反的倾向，有人基于一种善良的动机，为了培养人们对祖国过去的爱，认为我们应该从历史上找出多多益善的杰出人物，因而对于某些当时是积极的人物的历史局限性估计不够而予以过分的或不适当的表扬。甚至用现代的辞汇来描写历史人物，企图使那些历史人物现代化、理想化。好像不如此就不能通过具体的历史人物进行爱国主义的历史教育。

---

① 　《毛泽东选集》第二卷，人民出版社，1952年第二版，第597页。

　　为了进行爱国主义的历史教育，我们是应该表扬一些值得表扬的历史人物，但这并不是说，我们就有权把历史人物现代化或理想化，而是给予他们以恰如其分的评价。应该知道，把历史人物现代化或理想化起来，不但不能帮助爱国主义的历史教育，而是相反地妨害了它，因为这会混淆人们对于祖国在解放前与解放后两个时期之间的本质上的差异的认识，这会造成一种抹杀历史远景的危险，这会引导人们不向前看而向后看。

　　正确的爱国主义的历史教育对于历史人物的处理，应该不仅是培养人们对杰出的历史人物的爱，让人们因为我国有这些杰出的历史人物而感到骄傲，而且应该让人们进一步认识这些杰出的历史人物不论如何杰出，但比之我们今天的新的英雄人物还是有本质上的差异。此外，我们也应该为了培养人们对有害于我国进步与发展的历史人物的恨，而把那些过去历史上的坏蛋予以谴责。

　　但是近来在历史人物的评论中，有人把西汉时代的铁官徒暴动说成是"无产阶级造反"，即因认定铁官徒是"无产阶级造反"，所以说铁官徒"较之后世出身不光明、领导欠正确的黄巢、宋江等等不知要高超多少万倍"。[1]又有人把李自成理想化，说他在政治上已经"能够团结各阶层"，在军事上已经"改变流窜作风"。[2]甚至有人把李自成和我们今天的革命领袖人物相提并论。王季敏先生在座谈会上反映说："假使你问学生：'中国有什么伟大的军事家？'他便答：'李自成、朱总司令'。"[3]这些说法都是错误的。

　　中国历史上的农民革命和农民革命的领袖人物是值得表扬的，但我们能不能说西汉时的铁官徒暴动就是"无产阶级造反"呢？不能。因

---

　　① 张政烺：《汉代的铁官徒》，载《历史教学》创刊号。

　　② 谢国桢：《关于李自成》，载《历史教学》第一卷第五期。

　　③ 《新史学通讯》第一卷，第四期，爱国主义与历史教学座谈会纪要。

为无产阶级之出现于历史舞台是和资产阶级同时的。无论如何，在两千多年前的西汉时代，中国是不可能有无产阶级造反的。同样的理由，我们也不能说西汉时代的铁官徒比之后来的黄巢、宋江等"要高超多少万倍"。如果这样说，中国的反封建地主的起义岂不是一代不如一代？而这与实际的历史是不符合的。具体的历史告诉我们，黄巢所领导的农民战争在历史上所起的作用比之西汉时的铁官徒暴动要大得多，至于宋江在中国人民群众中的影响之大，那是众所周知的事。

我们能不能说李自成在政治上已经"能够团结各阶层"呢？不能。因为他和李岩等个别知识分子的结合并不等于农民阶级与知识分子阶层的团结。我们能不能说李自成在军事上已经"改变流窜作风"呢？不能。因为流窜作风是古代农民战争的特点，也是他们失败的原因，李自成也不能例外。毛主席说："历史上存在过许多流寇主义的农民战争，都没有成功"。①又说："应当认识，历史上黄巢、李闯式的流寇主义，已为今日的环境所不许可。"②由此可知，流窜作风只有到无产阶级领导的农民战争中才能废除。至于把李自成和今天无产阶级革命的领袖相提并论，更是舍弃了对历史人物作历史性的评价，这种说法只有模糊学生对历史人物的本质的认识。

同样不适当的表扬也表现在对文学家的评论中。例如有人说屈原的作品就"预见性地反映了他那个特定的时代的要求"。③又有人说白居易"完全站在他那时代人民的一边——从而永远站在一切时代的前列"。④又有人说顾炎武的"科学的文学发展观点和带有创造性的反对摹拟的写作方法……远在'五四'时代胡适提出'文学改良刍议'和

---

① 《毛泽东选集》第二卷，人民出版社，1952年第二版，第409页。

② 《毛泽东选集》第一卷，第97页。

③ 文怀沙：《人民诗人屈原》，载1952年5月28日《光明日报》。

④ 李又然：《白居易的〈卖炭翁〉》，载《文艺报》第三卷第七期。

'历史的文学观念论'三百年以前就已经提出了的"。①这些说法也是错误的。

在我们的历史中，产生了许多天才的文学家，其中有些人具有强烈的正义感，他们敢于大胆地暴露封建统治阶级的罪恶，热烈地同情那些被压迫的人们；特别是屈原，他不但敢于暴露，而且敢于幻想，像这样的文学家是值得我们表扬的。但是我们能不能说在屈原的作品中就可以找到"预见性"呢？不能。因为只有当马克思发现了历史的规律性以后，人们才能依照这种规律性去客观地对历史发展的前途有所预见。

白居易的作品诚然是中国古典文学中的良好范例，但能不能说他就是"完全站在他那时代人民的一边"而且是"永远站在一切时代的前列"呢？不能，因为只有工人阶级的文学家才能是完全站在人民的一边。封建时代和资本主义时代的某些善良的文学家，他们可能在一定程度上同情人民；但决不是完全站在人民一边。而且在历史上也决没有一种人永远站在一切时代的前列，因为站在封建时代前列的人物是农民革命的领袖，而站在我们今天最前列的则是工人阶级的先锋队——中国共产党。

至于顾炎武，无论在学术上或人格上都是值得表扬的，但我们能不能把他的文学改革论和胡适的《文学改良刍议》相提并论呢？不能。因为顾炎武的文学改革是属于封建主义范畴的，而胡适的文学改革是属于资产阶级范畴的，两者在本质上是不同的。而且一个人不可能在三百年以前就产生三百年以后的思想。正如鲁迅所说："生在现在而要做给予将来的作品，这样的人，实在也是一个心造的幻影，在现在世界上是没有的。要做这样的人，恰如用自己的手拔着头发，要离开地球一样。"因为人的思想和认识是受客观存在所制约的。"新的社会思想和理论，

---

① 马汉麟：《爱国诗人顾炎武》，载1951年9月23日《光明日报》。

只有当社会物质生活发展已在社会面前提出新的任务时，才会产生出来"。[1]

四

　　从历史人物的评论中，我们又可以看到这样一种倾向，即人们为了结合现实政治，常常把过去的历史人物或事件作一种轻率的历史类比，甚至不科学地把他们等同起来，好像不如此就是脱离现实，就失掉了历史科学的现实意义。我在解放以前，也常用以古喻今的方法去影射当时的反动派。其实这样以古喻今的办法，不但不能帮助人们对现实政治的理解，而是相反地模糊了人们对现实政治的认识。特别是今天的现实与历史上的现实已经起了本质上的变革，把历史上的现实和今天的现实等同起来，那不是把历史上的现实现代化使之符合于今天的现实，就是把今天的现实古典化去迁就历史上的现实，两者都是非历史主义的，因而都是错误的。

　　例如有人把战国时的信陵君救赵和明朝李如松东征都写成了和我们今天的抗美援朝一样。董杰《记京剧信陵君的演出》说：《信陵君》剧本"用历史事实，结合了当前抗美援朝的伟大任务，主题思想都很明确，并告诉我们，唇亡齿寒、抗秦即援赵、保家先卫国的许多道理"。[2] 方诗铭《十六世纪李如松在朝鲜进行的抗日援朝战争》一文中，用了很多现代流行的言语，如"抗日援朝保家卫国"、"中朝部队的战斗是完全正义的"、"是完全符合当时中朝两国广大人民的要求的"[3]等等，去努力把明朝的援朝说得和我们现在的抗美援朝一样。这都是不对的。因

---

① 斯大林：《列宁主义问题》，人民出版社，1955年，第704页。

② 《戏曲报》第四卷，第四期。

③ 《历史教学》第二卷，第六期。

为今天伟大的抗美援朝运动是中国人民在毛主席和中国共产党领导下高度发扬了的国际主义与爱国主义精神的具体表现，历史上的任何事件都不能和它比拟。

又有人把荆轲刺秦王描写为与今日反对侵略保卫和平相同的事业。武克仁改编的《易水曲》中说，荆轲之刺秦王是"受了全燕父老的委托"，又说"千万被害之人民，都是我荆轲的同党"。[1]当《易水曲》在重庆上演时，报纸上刊登的广告大书"侵略必然归于失败，和平要用代价换来"、"荆轲刺血溅咸阳，群众抗暴吞易水"，[2]像这样的说法真是牵强附会。据史籍所载，荆轲刺秦王并不是"受了全燕父老的委托"，而是受燕太子丹的命令，他的"同党"只有秦舞阳等少数几个人，而不是"千万被害之人民"。因而他之"血溅秦廷"与群众毫不相干，而是为了报答燕国的太子。而且侵略者并没有因荆轲之死而失败，荆轲的生命也并没有换来和平。假如用这个故事来影射今天保卫和平的运动，岂不给群众以相反的印象！特别应该指出，这样的比法是有害的，因为这样会给群众一种错觉，以为保卫世界和平可以采取暗杀个人的手段，而不依靠群众的力量。

此外，又有人把王安石的"青苗法"说成"类似今日的农业贷款"，"保甲法"是"加强了人民的武装"[3]。这样的说法也是不对的，因为封建统治者决不会加强人民的武装，而"青苗法"与今日之农业贷款更是有着本质上的区别。前者是为了缓和农民的反抗，保卫封建地主阶级的统治；后者则是为了发展农业合作社，进行农业的社会主义改造。

也是为了结合现实，在历史人物评论中还有一种倾向，就是号召我

---

① 转引自游藜：《反历史反人民的易水曲》，载1951年7月29日重庆《新华日报》。

② 1951年7月29日重庆《新华日报》。

③ 马昌夏：《王安石》，载1951年11月17日《光明日报》。

们学习古人。例如有人说："站在今天现实需要的高度来谈杜诗时，首先我们应该学习这个'诗圣'的政治态度、生活态度、创作态度。"[1]又有人说白居易的诗"是为人民服务的大众化的诗歌……值得我们学习的地方太多了"，又说："他的诗不但打击了人民的敌人，也培养了人民战斗的意志。我们站在今天新爱国主义旗帜下，要向这位祖国的人民诗人学习他的战斗精神。"[2]

我们可不可以向杜甫、白居易学习呢？可以向他们学习，因为从他们的作品中可以看到中国古典文学的优良传统。但是必须指出，我们今天的时代已经不是杜甫和白居易的时代，因而我们今天所要求的文艺作家的政治态度、生活态度、创作态度就不是杜甫那样的态度，我们今天所要求的战斗精神也不是白居易那样的战斗精神。今天的文艺作家所要学习的应该是工农兵，因为他们的政治态度和战斗精神才是全心全意为人民服务的典范，才是为劳动人民的事业、为社会主义的前途、为世界的和平而不倦的斗争的典范。学习他们，才可以作为鼓舞为祖国而忘我的劳动战斗的源泉。只有在他们的身上，才可以看到劳动人民的革命英雄主义。

五

在历史人物的评论中，我们始终没有看到有人提出历史上与各族之间的战争有关的人物，从这里，我们知道很多人在这个问题面前遇到了困难。

为了避免大汉族主义，有一个时期，人们几乎要把一些和少数民族

---

[1]　颜默：《谈杜诗》，载《文艺报》第二卷第七期。

[2]　叶蠡耕：《白居易的〈秦中吟〉》，载《文艺报》第三卷第十期。

进行过战争的历史人物都要说成侵略，好像不如此就会违反民族政策。后来，又想用一条简单的公式来处理这个问题，即依据战争的性质来决定对于这一类人物的态度。如果是从事侵略战争的人物，就应该否定；反之，如果是从事保卫战争的人物，就应该加以肯定。至于何谓侵略、何谓保卫则决定于疆界问题，即如果打出了自己的疆界就是侵略；反之，如果在自己的疆界之内与另一种族或部族作战就是保卫。

我们应该反对大汉族主义，反对侵略，因为各民族权利平等，而彼此无所从属，这是我们民族政策的原则。但是必须指出，这民族平等的政策只有在我们今天的时代才能出现，如果把我们今天的民族政策去要求历史上的古人，那就是非历史主义的，因而也就是错误的。

在长期的封建主义时代中，汉族和其他各族人民之间，主要的是和平共处，但各族统治阶级之间，有时也发生战争。而这种战争，有时是侵略他族来扩大自己的领土，有时是抵抗他族的侵略，保护自己的领土。在讨论历史上各族之间的关系时，应该承认这种侵略和被侵略的事实是存在的，并且应该指出历史上各族的统治阶级所实行的侵略政策和不正义的战争是不对的。但是，更重要的，是要指出侵略的客观成果无论如何和统治阶级替自己定下的主观目的是不能完全符合的，甚至是毫不相干的。尤其要指出，历史上的种族与种族之间的问题不能从世界史中孤立起来考察，必须放在世界史的总体中来考察，即看这个战争对于当时世界史的发展是起了推进作用，还是起了阻碍作用。

让我们拿汉朝向西域的扩张为例吧，很自然地，而且也应该这样说，汉武帝之出兵西域，当然不会是为了解放西域各族人民，虽然最初是为了抵抗匈奴的侵略，但后来则发展成为对西域各族人民实行掠夺的政策。不承认这一点而替汉武帝辩护是不对的。可是，同时我们要着重地指出，西域各族人民曾因成为西汉帝国之一部，免除了被较为落后的匈奴人的奴役，而这种奴役的后果将使西域各族人民陷于更悲惨的境遇。同时也应该指出，西域各族人民因此而加入了较为高级的经济体系，取得了与文化水平较高的汉族人民相接触的机会，这在客观上是促进了当时西域各部族或种族的社会经济的发展。在另一方面，我们也要着重地指出，由于西域并入西汉帝国，因而又使汉族从西域各族获得了前所未有的东西——外来的物质的和精神的文明；由于各族之间的经济和文化交流，因而丰富了中国的文化。同时，又由于东西文化的沟通，推动了世界史的发展。

　　自然，这不是说，所有历史上的部族或种族之间的战争都能发挥积极的作用。相反的，有些战争是起了破坏的作用，甚至使另一种族或部族的社会经济遭受毁灭，特别是在资本主义时代，资产阶级对殖民地的侵略就是如此。因此，我们处理历史上部族或种族间的战争，以及处理与战争有关的历史人物时就不能用一条简单的原则来贯串一切历史时代，而是要根据各个时代各个部族或种族间的具体历史条件来进行分析。只有这样，我们才能正确地解决历史上与各族战争有关的历史人物问题。

（《新建设》1952年9月号，总第四十八期）

关于打破王朝体系问题

打破王朝体系问题，不是一个新问题。很早以前，党就号召我们写出一部不是按照王朝断代而是按照社会性质分期的中国通史。为了这个目的，我们曾经进行长期的不倦的努力，并且在这一方面，做出了一定的贡献。郭沫若对于中国奴隶制社会的研究，以及其他史学家对于中国历史分期问题的一些研究，都是为了写出一部按照社会性质分期的中国通史。

但是，由于史学家对史料的解释持有不同的见解，在中国历史分期问题上，发生了分歧的意见。对于有关中国史分期的一些重大问题，如中国封建生产关系究竟在什么时候才取得对奴隶制生产关系的胜利，在中国封建社会的母胎内，有没有资本主义的萌芽，什么时候才有资本主义的萌芽等问题，都没有取得一致的意见。至于中国封建社会自己发展的规律、它的特点和它内部的分期问题，更没有展开深入的讨论。然而对于这些问题的解决正是打破王朝体系的前提条件。

科学大跃进以来，打破王朝体系的问题又提到了我国史学家面前。有些高等学校的历史系已经把写出一部按照社会性质分期的中国通史列入了自己的工作计划中，并且对于打破王朝体系的问题提出了一些意见。应该说这是一种可喜的现象。

有关打破王朝体系的意见，有些是很好的，也有些意见是不妥当的。例如有一种主张认为为了打破王朝体系，连王朝的称号和王朝本身的历史也要从中国通史中削减或删去，这就等于在倾倒脏水的时候连小孩也一并泼掉。

我以为脏水应该泼掉，小孩应该保留。不管按照什么体系编写中国通史，都不应该从中国历史上删掉王朝的称号。

第一，王朝的称号不是历史学家任意臆造的一种名词，而是曾经存在过的历史事实，是客观存在，而尊重客观存在是马克思列宁主义者对待历史的基本态度。

也许有人说，王朝的称号虽然是客观存在，但并不重要，因为一般说来，王朝的更替只是表示政权的移转，并不体现社会经济性质的变化。特别是有些短期王朝，如南北朝时期的宋、齐、梁、陈，五代时期的梁、唐、晋、汉、周，多者半个世纪左右，少者十几年乃至几年。像这些王朝的称号，保留起来实在没有多大意义。

我不同意这样的意见，我以为不管王朝的统治时期短到什么程度，它总是一个王朝，一个在中国史上曾经存在过的王朝。也不管这个王朝在历史上所起的作用小到什么程度，它总是在一个时期之内曾经向中国人民发号施令，曾经主宰过中国人民的命运的政治首脑部，因而我们就不能以任何理由把它们从中国史上删去。

作为一个史学家，我们有权打破王朝体系，但无权任意删去王朝的称号，因为前者是史学家的观点，而后者是历史事实。我们要打破的是以王朝为体系的封建正统主义的历史观点，不是王朝的称号。恰恰相反，我们必须从这些王朝的具体的史实出发，并且通过对这些具体的史实的分析、概括，揭示历史的规律性。

第二，王朝的称号是时代的符号。一个跟着一个出现的王朝，正是中国历史在其发展进程中的里程碑。中国的人民已经习惯了用这些里程碑来计算中国的历史时代，而且这也不算什么坏习惯，我们就用不着把它们从中国历史上去掉。如果说王朝有些封建气味，那么公元和世纪还带有基督教的气味。

也许有人说，正因为王朝带有国别的性质，不是世界史上通用的时代符号，所以不如用公元或世纪，既具有普遍性又具有准确性。

我完全同意在中国通史中使用公元或世纪，但我建议除了公元和世纪以外，还要保留王朝的称号。当然，这不是说在任何地方都要写上王朝的称号，只是说需要用王朝的称号加强时间概念的地方最好写上王朝。很明白，对于某一个特定的国家的古史来说，那个国家的王朝称号，比之公元和世纪是一种更为明确的时代符号，因为王朝所指示的时间不是一般的时间、空洞的时间，而是被一种特定的历史内容充实了的时间。例如，说公元581年到公元907年，或者说6世纪末到10世纪初，那只是一般的空洞的时间概念。如果加上隋唐时代，则公元和世纪就具有中国历史的内容了。所以写上王朝的称号，只有好处，没有坏处。

第三，作为时代的称号，王朝的称号和公元与世纪一样并不妨碍我们去发现历史规律性。妨碍我们发现历史规律性的，是以帝王为中心的思想体系，不是王朝的称号。

也许有人说，王朝替我们在历史上划出了一些不必要的段落，有些王朝更替并不表现社会经济的变革，例如宋、齐、梁、陈就是如此。另一方面，在历史上应该划分段落的时候，王朝又没有更替，例如鸦片战争以前和鸦片战争以后的中国社会显然起了本质上的变革，而清朝并没有因为这种变革而垮台。这种情况就替史学家带来了一些不必要的麻烦。

这的确是麻烦，但我以为史学家应该承担这种麻烦。史学家的任务就是要从这种当断不断，不当断而断的错综复杂的历史事实中，找出整个历史发展的脉络、倾向及其规律性。

马克思、恩格斯、列宁和毛主席，在叙述事件的历史进程时，常常使用王朝或国王的纪年。例如马克思在《拿破仑雾月政变记》中，用过"复辟王朝时代"，也用过"第二波拿巴时代"、"拿破仑时代"等等。在《法兰西内战》中，用过"七月王朝时代"，也用过"路易斐立普时代"。在《资本论》第一卷《所谓原始积累》一章中，用过很多国王治世的年代作为时代的符号。如"亨利七世以来"、"在亨利八世治下的第二七年"、"伊利萨伯治下的第一八年"、"路易十六世初期"、"爱德华三世治下1349年"、"乔治二世时代"、"斐特烈二世时代"等等。恩格斯在《家庭、私有制和国家的起源》中，用过"塔西佗时代"、"凯撒时代"、"英雄时代的希腊人"、"帝政时代的罗马人"等等。列宁在《什么是人民之友》一文中，也用过"莫斯科皇朝时代"。毛主席在《中国革命和中国共产党》一文中，也用王朝作时代的符号，如"秦以前的一个时代"、"秦始皇统一中国以后"，当他叙述中国历史上的农民革命领导人物时，用了秦、汉、隋、唐、宋、元、明、清等王朝。在《新民主主义论》一文中，也用过"自周秦以来"。这些例子，充分地证明了王朝的称号不会妨碍我们对历史进行科学的分析，也不会妨碍我们发现历史发展的规律性。

现在说到另外一种主张。这种主张者认为既然打破王朝体系，就可以把帝王将相的活动，统治阶级内部狗咬狗的斗争，以及传统视为十分重要的政治制度、政治沿革都予以删减，王朝的始末也可以不加叙述等等。如此说来，好像打破王朝体系以后的任务，只是一反前人之所为。过去轻视的，我们现在就重视；过去多讲的，我们现在就少讲或不讲。例如，过去的历史看不见人民群众的活动，我们现在就还他一个看不见帝王将相；过去的历史看不见农民战争，我们现在就还他一个看不见统治阶级的活动；过去的历史看不见经济基础，我们现在就还他一个看不见政治制度；过去的历史专讲政治沿革，我们现在就还他一个来历不明；过去的历史专讲王朝始末，我们现在就还他一个一字不提；过去的历史不讲或少讲各族人民之间的友好往来，现在我们就还他一个不讲各族统治阶级之间的战争。如果真是这样走极端，走偏锋，那就会替新的中国通史带来极大的片面性。这不是辩证法，不是科学的态度。

我们现在写中国通史，当然要把人民群众作为历史的主人，要多讲人民群众的历史。但是以人民群众为主人的历史，并不排除个别人物在历史上的作用，正像列宁所说的 "全部历史正是由那些无疑是活动家的个人的行动构成的"，而这些活动家是包括帝王将相在内的。帝王将相是封建统治阶级的上层人物，但历史上既然有封建社会，而封建社会又有统治阶级，就不可能没有这些人物。恩格斯说过"需要这样一个人的时候，就会出现这样一个人，凯撒、奥古斯特、克伦威尔等等就是如此"。秦始皇、汉武帝、曹操、唐太宗、王安石、岳飞、明太祖、史可法、林则徐等等，也是如此。

把阶级斗争提到首要的地位，这是我们编写中国通史的基本原则。但对于统治阶级内部的矛盾，不能用"狗咬狗"三个大字一笔抹煞。如果这样，那就把充满了矛盾的阶级社会简单化了。在阶级社会内，敌对阶级间的矛盾是基本矛盾；但除此以外还有统治阶级内部各阶层之间的矛盾，甚至同一阶层之中的矛盾。此外还有民族之间的矛盾等等。而这些矛盾，又不是各自孤立的，彼此不相干的，而是相互交错、相互转化的。我们怎么能够从这些相互交错的诸矛盾中选出统治阶级内部的矛盾，把它放在一边，置之不理呢？

而且在历史上没有一个与人民群众不相干的统治阶级，在阶级社会内，统治者和人民群众的关系是剥削者和被剥削者的关系，统治阶级的一切企图和措施都是为了剥削人民，因而统治阶级内部的矛盾是和人民群众的命运密切攸关的。就算是狗咬狗吧，也是为了有所争。《国策·秦策》记秦相应侯说秦昭王之言曰："王见大王之狗，卧者卧，起者起，行者行，止者止，毋相与斗者。投之一骨，轻起相牙者，何则？有争意也。"正像狗咬狗一样，不是这条狗要吃那条狗，而是两条狗争着要吃骨头，统治阶级内部的矛盾也不是这个统治集团要剥削那个统治集团，而是两个统治集团争着要剥削人民。既然事关人民，怎么能不管呢。如果从阶级社会的历史中删去了统治阶级的历史，那就去掉了阶级矛盾的一面，就不成其为阶级社会的历史了。

在中国通史中应该把经济作为历史的骨干，因为经济是历史过程中的决定因素。但也不是说政治制度就可以不讲，因为对历史斗争进程发生影响并在许多场合主要的是决定这一斗争形式的，也还有政治制度等上层建筑的各种因素。"倘若有人把这个原理加以歪曲，说仿佛经济因素是唯一决定的因素，——恩格斯说——那么他就是把这个断语变成毫无意思的、抽象的、荒诞无稽的空话"。[1]

而且在历史上也没有一种和经济生活无关的政治制度。政治制度是替经济基础服务的，经济的发展虽然有其必然性，但从必然性到现实性还有一个过程，即必须要通过一些有效的政治措施才能实现。因此，只要这种政治制度不能为它的基础服务或者成为经济发展的障碍，它就必

---

[1]　恩格斯：《致约·布洛赫》，《马克思恩格斯文选》（两卷集）第二卷，人民出版社，1958年，第488页。

须被废除而由另一种符合于经济发展的政治制度所代替。像这样和经济基础密切攸关的政治制度，怎么能不予以重视呢？实际上，不仅政治制度，甚至存在于人们头脑中的传统，在历史上也起着一定的作用，虽然不是决定的作用。

王朝的始末，过去写得太多，现在可以少写一点，也不能不写。因为王朝本身的历史，是历史的一个构成部分，而且封建时代的历史，和王朝本身的历史是很难截然分开的。王朝的更替，在中国封建时期的历史中，画出了一条政治波动的曲线，而这种政治波动，不能说和当时的社会经济没有一点关系。

过去的历史喜欢讲沿革，把很多无关重要的历史事件或人物考来考去，大做文章。这样就把历史从发展的主流，引向支路。为了把中国历史贯串在一条以人民群众为主体、以经济为骨干、以阶级斗争为动力的主流上，沿革可以少讲，但不能完全不讲。当然我们讲沿革，不是用繁琐的考证来掩盖历史发展的脉络，而是为了更显明地突出历史的脉络。因为有些历史问题或事件，从它的一个片断或段落，不容易看出它的发展过程，拉长一点看，就可以看出它的来龙去脉。

少数民族的历史，过去不是不讲，只是讲得不够，现在我们要在中国通史中加强这个部门，尽可能让现存的国内各族人民能够从中国通史中看到自己的祖先在祖国的历史创造中所作的努力；但这不是说就可以否认汉族在中国历史发展过程中所起的主导作用。中国的历史是国内各族人民共同创造的，不承认这一条是不符合历史事实的。同样，不承认汉族在中国史的创造过程中，起了主导作用，也是不符合历史事实的。例如农田水利的开发，商业联系的加强，逐步把国内各民族联结成为一个统一的国家，汉族出力最多；又如破坏旧的部落的原始性，摧毁落后地区的闭塞性，使落后地区的民族和全国的经济建立了联系，也是汉族出力最多。但是应该指出这种进步过程的推进，不完全由于各族的协作，往往是在汉族或其他统治中国的民族中的统治阶级压迫其他民族的程序上进行的。因此，无条件地歌颂汉族及其他统治中国的民族的扩张是不妥当的。

在封建社会时期，各族统治者之间的相互侵犯，甚至不断地发生战争，是数见不鲜的，但无论如何，和平共处的时期，总要比战争时期多得多，而且即使在战争当中，各族人民之间的友好往来，也不会完全停止。过去的历史，战争讲得太多，甚至只有讲到战争的时候，才提到少数民族，而对于各族人民之间的友好往来，则讲得很少，甚至没有讲到，这不仅是很大的片面，而且造成不良的影响，这种情况必须改变。但是如果我们反过来，只讲各族人民之间的友好往来，对于各族统治阶级之间战争一字不提，也是另一种片面。应该着重讲述各族人民之间的友好往来，但历史上既然有战争，也用不着避而不谈。只要我们用阶级观点、历史观点来分析战争，任何民族之间的战争都是可以讲的。用抹煞历史事实的办法来把民族平等的政策贯彻到古史中去是不妥当的，而且也没有必要，因为各民族一律平等的政策是现在才有的，我们不能要求过去的封建统治阶级遵守这个政策。

解放以前，讲述民族之间的战争，总是不分青红皂白，一律把少数民族方面说成叛乱，把汉族或其他统治民族方面说成讨伐叛乱。解放以后，反过来了，但还是不分青红皂白，一律把少数民族方面说成革命，把汉族和其他统治民族说成反动、侵略等等。应该承认，汉族和其他在历史上居于统治地位的民族所发动的战争，有很多都是带有侵略性质的，说这些战争是反动的侵略战争一点也不冤枉；但不能说只要他们还手，就是反动、侵略，因为也有些不是侵略战争。少数民族发动的战争，有很多都是为了反对汉族或其他统治民族的压迫，因而大多数都是带有反抗的革命的性质，但不能说凡是少数民族拿起刀子杀汉人都是革命。我是少数民族，我就不同意这样的看法。在历史发展的过程中有些少数民族的统治者为了维护他们的宗法氏族关系，不惜用战争来巩固他们的落后，来停滞本民族人民经济文化发展，也有些少数民族的统治者为少数贵族的利益而对汉族人民发动武装进攻，还有些少数民族的统治者甚至勾结帝国主义来反对祖国的统一，这些，不但不是革命，而是保守、反动、分裂主义和背叛祖国的行为。

总而言之，要打破王朝体系，不是用一种简单的方法，如去掉王朝称号和它的始末等等所能解决的，而是要求史学家对中国历史上的某些带有关键性的问题进行细致的、深入的研究，并且在这种基础上再对中国历史进行全面的、综合的研究。主要的是研究中国历史上各时期的生产力的发展以及由此而引起的生产关系的变化，研究历史上各时期的阶级关系、民族关系，此外还要研究历史上各时期的政治、法律、文化、思想、艺术乃至宗教等等。只有通过这些重点的和多方面的研究，才能弄清中国史上各时期的社会性质，才能解决中国史上的分期问题，才能写出一部不是按照王朝断代而是按照社会性质分期的中国通史。

（此文曾载《新建设》1959年3月号，作者补充后，又在《光明日报》1959年3月28日发表。）

对处理若干历史问题的初步意见

一　如何处理历史上的阶级关系

阶级矛盾和阶级斗争是历史的动力，在写历史的时候，忽略了这一点就会犯原则性的错误。

阶级矛盾有两方面，不能只写一面。要着重地写革命，也要写反革命。

矛盾不仅存在于敌对阶级之间，也存在于同一阶级内部各阶层之间乃至同一阶层内部各集团之间。不要把阶级矛盾简单化，要着重地写敌对阶级间的矛盾，也要写统治阶级内部的矛盾。

写矛盾要分清主要与次要。要着重地写主要矛盾，也要写次要矛盾，还要写出它们的交织和转化。

主要矛盾不同于基本矛盾，在阶级社会，基本矛盾永远是敌对阶级间的矛盾。这种矛盾，像一条红线贯串着整个阶级社会的历史。敌对阶级间的矛盾常常是历史上的主要矛盾，但主要矛盾不完全是敌对阶级间的矛盾，它有时是统治阶级内部的矛盾，有时是民族间的矛盾。不要把任何历史时期的主要矛盾都说成是敌对阶级间的矛盾。

农民战争是封建社会的阶级矛盾的最高表现形式，必须承认它对历史所起的推动作用。但农民战争发生的时期有先有后，规模有大有小，持续的时间有长有短，对封建社会打击的广度和深度有轻有重，所起的作用也就各不相同，不可一概而论。

在经历了一个大的农民战争之后，封建统治阶级为了恢复封建秩序，稳定封建地主阶级的统治，有时对农民做出一定程度的让步，但不是对每一次农民战争都让步，他们对于那些小的局部的农民战争是不会让步的。让不让，让多少，这要决定于阶级对抗的形势，决定于农民战争带来的阶级力量的对比的变化。不要毫无分析地在每一次农民战争之后，照例写上一节封建统治阶级的让步。

农民反对封建压迫、剥削，但没有，也不可能意识到把封建当作一个制度来反对。

农民反对封建地主，但没有，也不可能意识到把地主当作一个阶级来反对。

农民反对封建皇帝，但没有，也不可能意识到把皇权当作一个主义来反对。

说农民没有，也不可能意识到把地主当作一个阶级、把封建当作一个制度来反对，不等于说农民不反对封建制度、地主阶级，只是说他们是在没有意识到的情况下反对的，或者说，农民所进行的反封建、反地主阶级的阶级斗争是自发的，不是自觉的。

　　封建社会的农民的阶级觉悟，还没有，也不可能意识到压迫和剥削他们的，不是个别的个人而是一个阶级，一种制度，是不足为奇的。资本主义初期的工人阶级还是如此，他们反对的锋芒，不是一开始就指向资本主义制度，而是指向机器。一直到19世纪90年代，俄国的工人虽然已经感觉到他们同厂主利益的对抗，但工人当时还没有，也不可能意识到他们的利益同整个现代社会政治制度的不可调和的矛盾。

　　说农民所进行的反封建、反地主阶级的阶级斗争是自发的，并不排除在自发性中逐渐出现自觉性的萌芽，但在没有工人阶级领导以前，农民战争基本上是自发的，不是自觉的。

　　农民能够建立自己的政权，这是不成问题的，问题在于这种政权的性质。在我看来，在同样的封建经济基础之上，不可能建立两种性质不同的政权。农民建立的政权，只能是封建性的政权。

　　农民战争的领袖人物，应该肯定，但不要把他们理想化、现代化，以至把他们说得和现代无产阶级的革命领袖一样。由于历史的局限性，他们是有缺点的。不要因为他们有缺点就否定他们，也不要因为要肯定他们，就说他们没有任何缺点。

　　宗教是人民的鸦片，但在农民战争中曾经起过动员和组织的作用。夸大宗教的作用是不对的，不承认宗教的作用，也不符合历史事实。

　　正像皇权主义不是俄国农民战争的特点一样，宗教也不是德国农民战争的特点。道教、佛教、基督教都曾经被中国的农民利用为动员和组织的工具。

　　在写农民战争的时候，不要忘记农民战争是发生在封建时代，不要忘记农民是小所有者，也不要忘记农民并不代表新的生产力。应该历史主义地对待农民战争，不要强调农民战争的落后性、盲目性，也不要夸大农民战争的组织性和自觉性。

二 如何处理历史上的民族关系

我国自古以来就是一个多民族国家，除汉族以外，还有很多民族。作为一个民族，他们都是各为一个民族，但作为多民族国家的一个成员，他们都是中国人。因此，我们写中国历史，要注意不要使汉族人民的历史与中国其他各族人民的历史相分离。

各民族一律平等，这是我们对待民族问题的原则。离开这个原则，我们就要犯错误。但应用这种原则去处理历史上的民族关系，不是用简单方法把不平等的民族关系从历史上删去，或者从那些不平等的关系中挑选一些类似平等的个别史实来证明这个原则在中国古代就已经实现，更不是把历史上的不平等的民族关系说成是平等的。而是要揭露历史上的不平等关系，用历史唯物主义的观点，批判的态度，指出这些不平等的民族关系的历史根源和实质。

民族矛盾，本质上是阶级矛盾，必须用阶级观点去分析民族矛盾。但用阶级观点去分析民族矛盾，不是要把历史上的民族矛盾都说成是阶级矛盾。民族矛盾是阶级矛盾在民族关系方面的表现，但不等于阶级矛盾。

反对大民族主义，是我们对待民族问题的一个原则。但不能因此就否定汉族在中国史上的主导作用。说汉族在中国史上起了主导作用，并不违反民族平等的原则，因为起主导作用的不是汉族的政治特权而是它的高级的生产方法。权利是应该平等的，作用是不可能平等的。

反对地方民族主义，是我们对待民族问题的另一原则。但不能因此就说我国古代的各民族就没有狭隘的地方民族主义，好像解放以前，中国这个多民族的国家就是一个民族大家庭而不是一个民族大牢狱。

各族人民之间的友好往来是民族关系的主流，但不能说在阶级社会的历史时期各族统治阶级之间，就没有矛盾和冲突。要着重写各族人民之间的友好往来，也要写各族统治阶级之间的矛盾和冲突。

在写民族关系时，要区别各族统治阶级与人民。为了统治阶级的利益，各族的统治阶级常常以民族的名义发动对另一民族的战争，或者相互勾结，镇压自己民族内部的被剥削阶级。这些战争的策动和政治勾结与各族人民都不相干。但不能因此就说各族人民就只有阶级感情，没有狭隘的民族感情和偏见。由于各族统治阶级的长期挑拨，也由于地域的隔绝，言语不通，生活方式、风俗习惯、宗教信仰的不同，狭隘的民族感情和偏见在各族人民中间也是有的。一直到解放以后，我们还在为了反对大汉族主义和地方民族主义的残余而进行宣传教育，何况古人。

不要把汉族以外的各民族作为外国人对待，凡生存和活动于今日中国领土以内的古代各民族，不论这些民族和当时中原王朝的关系怎样，应该承认他们都是中国人。但也不能因为同是中国人就说他们之间的矛盾不是民族矛盾，甚至可以不分是非。

应该承认民族之间，曾经有过相互侵犯的事实，至于谁侵犯谁，不决定于民族的大小，要根据具体事实进行分析。

三　如何处理历史上的国际关系

作为一个国家，中国是一个独立的历史单元，作为亚洲和世界的许多国家之一，它又是构成世界史的一个部分。因此，不要把中国各族人民的历史和整个亚洲的历史相分离，并且一般不要与世界史相分离。

争取不同制度的国家和平共处，这是最近在万隆会议中提出来的原则之一，不能要求古人也遵守这条原则，更不能说古人已经按照这条原则来处理他们的国际事务，好像自古以来我国和邻近国家就是和平共处，就和现在一样是"兄弟国家"的关系，甚至使用"亲戚般友好"等现代化的辞令来形容这种关系。

在整个阶级社会的历史时期，国与国之间的相互侵略是难免的，这是阶级政策在国际关系上的表现。我国古代和邻近国家的关系是各种各样的，有和平共处，也有相互侵略，应该根据事实，进行具体分析，不要专写战争，不写和平，也不要从历史上删去战争，甚至删去人所共知的战争，按照自己的主观意图，写出一个历史上没有的也不可能有的和平共处的局面。

反对大国主义是我们对待国际问题的另一原则，但不能说阶级社会历史时期的统治者已经没有大国主义。在阶级社会的历史时期是有大国主义的，中国古代的历史学家，常常把自己的王朝和国家称为"天朝"和"上国"，把邻国称为"藩属"，这就是大国主义的表现。大国主义正是阶级社会留给我们的一种最坏的历史遗产。在写历史的时候，必须严格地批判这种大国主义的思想。

在阶级社会的历史时期中，国与国之间的从属关系，往往是征服的结果，但也要指出，单靠暴力是不能巩固从属关系的。政治上的从属和经济上的依赖是分不开的。

要通过一些具有国际意义和世界性的事件恰如其分地指出中国文化对亚洲乃至世界的影响，也要承认其他国家对中国的影响。

要慎重地处理边界问题，特别是鸦片战争以后由于帝国主义的侵略而改变的边界问题。

四 怎样对待发展观点

用发展的观点看历史，这是我们写历史的基本原则。但历史的发展不是直线上升，它"常以跳跃和曲折前进，如果必须处处跟它，那就不仅必须注意到许多无关重要的材料，并且必须常常打断思维进程"。[1]应该摆脱那些起扰乱作用的偶然性的史实，把历史纳入它向前发展的长流中，显出它的发展倾向。

在历史向前发展的进程中，历史自身表现为各种性质不同的社会。在同一社会又可以划分为若干不同的阶段。每一社会或阶段，都有它们独特的典型的东西，也有前期的残余和后期的萌芽，必须找出典型的东西，也不要忽略残余和萌芽。

典型总是从萌芽的东西发展出来的，因为所谓历史的发展，总是把过去的形态看成是自己发展的步骤，后一时期的历史总是在前期的历史残片和因素上建立起来的。不找到萌芽，就无法说明典型的东西。

要善于从历史上发现新的萌芽的东西，但不能因为看见了一片落叶就说秋天到了。"一叶惊秋"是诗人的敏感，作为一个历史学家至少要多看见几片落叶，才能说秋天到了。

萌芽的东西，是历史上最富有生命力的新的因素，但这种因素，最初总是以微小的、甚至看不见的形态出现于某一地区或某一生产部门，不要把这种微小的、散在的或局部的东西夸大为大量的普遍存在的东西。"沙粒在显微镜下就显得高"，[2]但离开了显微镜，沙子还是沙子。

前期的各种因素，常常以十分衰败或夸张的乃至漫画化的形式在后期出现，不要被这些残余的东西遮蔽了自己的眼睛，以致看不见典型的东西，更不要把残余的东西当作典型。必须记得恩格斯的名言："在发展的进程中，凡从前是现实的一切，都会成为不现实的，都会失掉自己的必然性，失掉自己存在的权利，失掉自己的合理性"。[3]

---

① 恩格斯：《论马克思的〈政治经济学批判〉》，《政治经济学批判》，人民出版社，1955年，第181页。

② 马克思：《雇佣劳动与资本》，人民出版社，1961年，第19页。

③ 恩格斯：《费尔巴哈与德国古典哲学的终结》，人民出版社，1957年，第5页。

萌芽、典型、残余，在历史上是交错的、连锁的，不要把它们孤立起来。要找到它们之间的内在联系，把它们安排在历史向前发展的锁链上成为一个跟着一个而出现的历史因素。

历史的发展，一般地说来，是一往直前的，但发展是有步骤的，步骤是有快有慢的，有的时期发展得很快，有的时期发展得很慢，有的时期甚至陷于停滞状态乃至出现暂时的倒退，历史上的复辟，就是倒退。列宁说："无论过去或将来，每个时代都有个别的、局部的、时而前进时而后退的运动，都有脱离一般运动和运动的一般速度的各种倾向。"①因此，对待历史发展的问题也要具体考查，不要无视历史前进中的曲折，画出一道直线上升的线条。

阶级社会在它开始出现的时候，就存在着阶级矛盾，它是在矛盾中发展，又在发展中出现新的矛盾。要用阶级观点分析这种矛盾，但不要把矛盾一般化，在一个社会刚刚出现或正在上升的时期的矛盾和一个社会在走下坡或崩溃时期的矛盾是不同的，应该区别对待。例如当封建制代替奴隶制的时候，它是历史的发展。当地主阶级反对奴隶制的时候，它是革命阶级，虽然这种发展这种革命的结果只是一种新的剥削制度代替旧的剥削制度，一个新的剥削阶级代替旧的剥削阶级，但在整个历史发展的进程中则是很大一步的前进。要指出这种前进的历史倾向，也要指出这种出现在一定历史时期的新的社会在历史的进一步向前发展中，又必然要被更高的社会形态所代替。

五　怎样对待全面观点

全面看问题是我们写历史的原则，但不等于没有重点，要透过重点

---

① 《列宁全集》第二一卷，第123页。

显示出历史的全貌。

　　写任何时期的历史都必须掌握这一时期的历史全局。既要看到经济，也要看到政治和文化，还要看到它们相互之间的内在联系。片面地强调政治、文化，否定经济的决定作用，这是唯心论。但片面地强调经济，并把经济的规律绝对化，否定人的主观能动作用，也不是马克思主义而是经济主义。

　　既要看到汉族的主导作用，也要看到汉族以外其他各族在历史上所起的作用，还要看到它们之间的相互影响和矛盾。只承认汉族的作用，不承认其他各族在中国史上的地位，这是大汉族主义；但不承认汉族在历史上的主导作用，而把某些少数民族的作用夸大到不恰当的程度，或者不分轻重，平行叙述，也是不对的。

　　既要看到中国，也要看到世界，还要看到中国与世界的相互影响。只强调中国的特殊性，以致马克思主义的一般原理原则在中国史的研究中都不能应用，这是对马克思主义的背叛。反之，只强调世界史的一般原理原则并按照外国的历史来安排中国历史，好像外国史上有过的东西，中国就必须有，而且不能和外国史不同，这是教条主义。

　　历史在不同的国度，会着上不同的色彩。这些不同的国家在不同的年代，通过历史发展的各种阶段。个别的国家甚至可以跃过某一历史阶段，但这只是个别的，不要用个别的情况否定历史发展的一般规律性。

　　必须用两只眼睛看历史，既要看到历史上的光明面，也要看到历史上的黑暗面。在剥削阶级统治的社会中，任何时代，黑暗总是主要的历史内容；反之，任何黑暗时代，也不能没有一线光明。我们既不要对自己的历史盲目歌颂，美化阶级社会；也不要对自己的历史采取虚无主义的态度，把自己的历史写成苍白无色，好像只是一些罪恶的堆积。

六 人民群众与个别历史人物

人民群众是历史的主人，这是我们写历史的基本原则。但这条原则并不排除个别的杰出人物在历史上所起的一定的作用。在写历史的时候，要着重地写人民群众，也要写个别的历史人物，包括帝王将相在内。

人民群众或劳动人民在不同的历史时代是以不同的身分加入一定的生产关系的，他们先后以奴隶、农奴、农民、工资劳动者身分出现于历史。不要在任何历史时代都赋以一个"劳动人民"的通称，应该有区别地称之为"奴隶大众"、"农奴大众"或"农民大众"、"无产阶级"或"工人阶级"。

在整个阶级社会历史时期，以各种身分出现的劳动人民都是在被剥削被压迫的情况之下参加历史创造，不要把他们写得和解放了的工人阶级一样是当家作主的阶级。

劳动人民，不论是奴隶、农奴或农民，他们都反对压迫剥削，但他们并不了解被剥削被压迫的基本原因是私有制度，他们不反对私有制度，只反对那些不堪忍受的财产的差别。应该用历史观点对待这些历史上的劳动人民，不要依照现代无产阶级的样子去塑造他们的形象。

要歌颂历史上的劳动人民，歌颂他们英勇的革命斗争，但历史家不是诗人，除了歌颂以外，还要指出他们的历史局限性，指出他们在生产中的保守性、分散性和落后性。

要反对王朝体系，但反对王朝体系是反对以帝王为中心的思想体系，不是从历史上涂掉王朝和皇帝。王朝和皇帝是历史的存在，是不应该涂掉的，用不着涂掉的，也是涂不掉的。

在我国历史上，每一个时代或每一个王朝，都有一些杰出的历史人物。这些人物或者是革命领袖、民族英雄，或者是政治家、军事家，或者是科学家、思想家、文学家、诗人、艺术家，其中有些是帝王将相。对于这些杰出的历史人物，都应该加以研究，毛主席说："从孔夫子到孙中山，我们都应当给以总结，承继这一份珍贵的遗产。[①]"并且应该挑选一些最杰出的人物，包括帝王将相在内，写进通史。

这些杰出人物是有缺点的，要指出他们的阶级局限性和历史条件的局限性，但不要把他们所有的缺点都归结为局限性，也不要依据简单的阶级成分一律加以否定，要按照他们对历史所起的作用和对历史所作的贡献的大小给他们应有的历史地位和恰如其分的评价。

马克思说得好："我决非要用玫瑰的颜色来描写资本家和地主的姿态。这里被考察的一切人，都不过是经济范畴的人格化，是一定的阶级关系和利益的负担者。[②]"

七　政治、经济与文化

经济是历史的骨骼，这是我们写历史的基本原则。但这个原则并不排除政治和文化艺术。

经济是历史的骨骼，政治是历史的血肉，文化艺术是历史的灵魂。要写出一部有骨骼有血肉有灵魂的历史，不要写出一部没有骨骼的历史，也不要把历史写成一个无灵魂、无生命的东西。

不管社会怎样动乱，总有生产，停止生产人类社会就不能延续。不能在动乱的时期就不写生产，好像人可以靠劫掠为生。要知道，不生产就没有可以劫掠的东西。

---

① 《毛泽东选集》第二卷，人民出版社，1952年第二版，第522页。

② 马克思：《〈资本论〉初版序》，《资本论》第一卷，人民出版社，1953年。

要写出每一个时期能生产一些什么，比前一时期多生产一些什么，但更主要的是用什么工具进行生产，尤其重要的是在什么生产关系之下进行生产。是在奴隶和奴隶主的生产关系、还是农奴和封建主的生产关系、或者是农民与地主阶级的生产关系之下进行的。

生产关系是人与人在生产中结成的关系，最后说来，是阶级与阶级的关系，可是这些关系总是与物结合着。写生产关系的时候，必须从物的背后去发现人与人的关系，发现阶级与阶级的关系。

在同一生产关系，例如同一封建生产关系之下进行的生产，前期与后期，中原与边区，这里与那里也有差别，不要一概而论。由于我国幅员广阔，历史发展不均衡，有些边远地区，还有社会性质的区别。

要写农业、手工业和商业，不要把它们孤立起来写，要照顾他们彼此之间的联系。作为一个经济总体，它们是有着内在的有机联系的。

写农业要着重写土地所有制。土地为谁所有，是判断资本主义社会以前的社会性质的决定因素。

写手工业要注意分工的情况，分工是手工业发展的标志。

写商业要写城市与乡村的关系，要写交通与运输，要写商品与货币，否则就会带有抽象的性质。

政治是替经济服务的。"每一种生产形式都产生出它所特有的法权关系、统治形式等等"，[①]写政治不要与经济脱节。

要写政治制度和政治措施，这是实现经济剥削和压迫的手段。要写法律，这是反映经济生活、阶级关系的最具体的条文。也要写政治改革和政变等等，这是经济利害或社会矛盾的表面化。

每一个时代的文化，都有进步与保守两派，前者总是带有唯物论的倾向，后者总是唯心论。要写带有唯物论倾向的文化，也要写唯心论的

① 马克思：《〈政治经济学批判〉导言》，《政治经济学批判》，人民出版社，1955年，第151页。

文化，不要只写一面。如果有可能，最好能写出文化战线上的斗争。

文化是经济的升华，基本上和经济是适应的，但文化并不完全亦步亦趋地反映经济生活，有些跑到经济的前面，有些落在经济的后面。要具体分析，不要牵强附会。

在阶级社会的历史时期，文化基本上掌握在统治阶级的手中，例如封建文化，几乎完全掌握在地主阶级手里。但地主阶级的文化，其中有些也有人民性，不能因为是地主阶级创造的文化就加以全盘否定。

民间文学一般说是富有人民性的，但其中也有非人民性的，或者说也有封建性的。因为民间文学的作者，不可能把自己超然于阶级社会之外，不受到时代的局限。因此对民间文学，也要分析，不要无分析地一律加以肯定。

说宗教是人民的鸦片，这是指它的作用，宗教也有它的本质和它的发展过程。总的说来，宗教是支配人们的那种外界力量在人们头脑中的幻想的反映，或者说是物质世界在人们头脑中的歪曲的颠倒的模写，是人间的力量采取非人间力量的形式。它不是从天上降到人间的，而是从人间上升到天上的，也不是统治阶级想出来的，而是社会经济最高的升华。写宗教的时候，要指出它麻醉人民的作用，也要揭示它的本质。

宗教不是一成不变的，每一种宗教都有它的发展过程。一般地说，最初的宗教是自然界神秘力量的幻想形式，以后获得了社会属性，更后自然属性和社会属性综合起来，由此产生了万能之神。从原始人的图腾到资产阶级的商品拜物教都是宗教，但它们是出现在不同的历史阶段上的宗教，不能因为它们同是宗教，就把它们的作用说成是一样的。

八　理论、史料与文章

理论挂帅是我们编写历史的原则。

　　理论挂帅，不是只要理论不要史料，不是用空洞的抽象的社会发展史的一般原理原则代替具体的历史，只是说要用这样的原理原则分析具体的历史。

　　理论挂帅不是用一般原则去套历史，把史料硬塞进原则中去作为理论的注脚；而是用理论去分析史料，通过史料的分析，对历史事件或问题，做出理论的概括。不是用原则代替历史，而是从历史引出原则。

　　理论挂帅，也不是先写一段理论，再写一段史料，或者先写一段史料，再写一段理论，使理论与史料分离；而是要把史料溶解在理论之中，或者说把理论体现在史料之中，使观点与材料统一，让读者自己从史实的叙述和分析中看出理论。史料应该溶解在理论之中，不要放在理论之外，"就像颜色和大理石的物质特性不是在绘画和雕刻领域之外一样"。①

　　通史的主要任务是要依据具体的历史事实，相对稳定的历史研究成果，用简练的文字，明确的语言，画出历史发展的轮廓，指出历史发展的倾向。但这个线条不是大笔一挥就可以画得出来的，而是通过精细的科学分析做出来的综合。

　　分析不怕细致、深刻，否则不能揭示历史事件的本质，综合不怕全面、概括，否则不能显出历史的全貌、线索。因此，在分析的时候要钻进个别历史事件里面去，用显微镜去发现问题；在综合时，又要站在个别历史事件之外，高瞻远瞩，用望远镜去观察历史形势。

　　要严格地运用历史唯物主义的原则，把历史事件和人物放在他们自己的历史条件之下，用无产阶级的阶级观点加以说明。如果离开无产阶级立场，不用阶级观点进行分析，而只是用历史条件与历史倾向、历史局限性等等为某一历史事件或人物的落后、反动进行辩护，这就不是历

---

　　① 《马克思恩格斯论艺术》（一），人民文学出版社，1960年，第113页。

史唯物主义而是客观主义。（参看列宁：《民粹主义的经济内容及其在司徒卢威先生的书中受到的批评》）

不要类比，历史的类比是很危险的。在不同的历史基础上，不可能出现性质相同的历史事件或人物。例如在阶级社会的历史时期，都有无产者，但是不要忘记西思蒙第所说的一句中肯的话："罗马的无产阶级依靠社会过活，而现代社会则依靠无产阶级过活。"（马克思：《路易·波拿巴政变记》第二版序言）

不要影射，以古射今或以今射古。

不要推论，一再推论就会用主观观念代替客观的历史。

不要附会。

不要过多地追溯或展望，应该把历史事件和人物写在他们出现的时期。

不要过多地引用经典著作的文句，最好把文句内含的精神体现在史实的叙述中。

历史是具体性的科学，论证历史，不要从概念出发，必须从具体的史实出发，从具体史实的科学分析中引出结论。不要先提出结论，把结论强加于具体的史实。

每一个论点，都要有论据，不要写空话。

所有的论据都要注明出处，见何书何篇，哪种版本，何年出版等等。

最好用第一手材料。

所用的材料必须和原书核对，如因版本不同而有重要异同，亦须注明。

要批判地接受前人对材料考证的成果。

材料要有择别，不要为了凑多，把鸡毛和鸡一锅煮。也不要在剔除不重要的材料时，把小孩连同脏水一齐倾倒出去。

不要依据孤证做出结论，武断历史。也不要堆上一大堆材料掩盖历史发展的脉络。

文章要写得生动一些。但我们不是写诗歌，可以全凭感情，也不是写剧本，可以虚构（写历史剧也不能随便虚构，历史剧中虚构的人物和故事，也必须是当时的历史条件下可能出现的）。我们是写历史教科书，既要生动，又要准确、严肃。

不要一二三四罗列现象，要条理清楚。每一章有一章的项目，每一节有一节的项目，每一段也要有成为一段的主要内容。章与章，节与节，段与段之间，又要能够衔接贯通。

文章要剪裁，删除繁芜无用的辞句。句子要锤炼，去掉不必要的字眼。不论是文章的剪裁或句子的锤炼，都不要为了美词而害意。

（《光明日报》1963年12月22日）

文与道

    文者所以在道，正如"筌[①]者所以在鱼"，"蹄[②]者所以在兔"，"言者所以在意"（《庄子·外物篇》），不为捕鱼则不设筌，不为系兔则不设蹄，不为表意则不发言，不为传道则不著文，这个道理非常明显，然而孔夫子的门徒竟不能理解。

    《论语·公冶长》记子贡之言曰："夫子之文章可得而闻也，夫子之言性与天道，不可得而闻也。"这里所谓"性"就是人生哲学或人

---

① 筌，捕鱼器也，以竹为之。
② 蹄，兔罝也，即用以系兔之脚的工具，故谓之蹄。

生观，所谓"天道"就是宇宙原理或世界观，总起来说就是今之所谓观点，古之所谓道也。从子贡的这几句话看来，他是以为文与道各为一事，道在文外，不在文中。果如子贡所云，则一部论语岂不全是废话，而春秋的褒贬也不表示孔夫子的历史观了。

子贡的这种看法，显然是错误的。所以他一直是徘徊于孔子的门墙之外，他埋怨他老师的门墙太高，遮住了他接近真理的道路。他说："夫子之墙数仞，不得其门而入。"

孔夫子的墙有多高，不知道，但即使如子贡所云"夫子之墙数仞"，也是遮不住真理的，而况孔夫子并没有准备把他认为是真理的东西封闭在高墙之内。看来不是孔夫子的门墙太高，而是子贡的学习方法不对头，他不知道从他老师的文章中去寻找性与天道，硬说他老师的性与天道不可得而闻也。

和子贡一样徘徊于孔子门墙之外的学生，恐怕很多，以致孔夫子不得不发表声明。他说："二三子以我为隐乎？吾无隐乎尔，吾无行而不与二三子者是丘也。"用现代语说就是，你们以为我在传道讲学的时候有所隐匿或保留吗？我没有隐匿和保留，我之所为没有不和你们共同商讨的，把道传给你们是我的心愿。

其实，文与道的关系，孔夫子说得很明白。他说："文王既没，文不在兹乎！天之将丧斯文也，后死者不得与于斯文也，天之未丧斯文也，匡人其如予何！①这里所说的"文"显然不是指的"文章"，而是指的文王以来的"道统"。因为这几句话用现代语说就是，文王既然死了，道统不在我身上吗？如果上天真要消灭这个道统，像我这样后死的人，当然不能承继这个道统，如果上天没有意思消灭这个道统，那么，匡人又能把我怎么样呢？

──────────

① 孔夫子的面貌与阳货相似，匡人误以为阳货，以兵围之，这几句话是在孔夫子被匡人围困时说的。

当然从文见道，不是一件容易事情。孔夫子最优秀的学生颜回尚且感到难于捉摸。他说"仰之弥高，钻之弥坚，瞻之在前，忽焉在后。"何况子贡。

在孔夫子耳提面命之下的学生，尚且搞不清文与道的关系，何况儒家的末流。所以在儒家学说的发展中，产生了两种偏向：一种偏向是见文不见道。这一派的儒家学者专门寻章摘句，形成一种支离破碎的章句之学。只知袭语录之糟粕，死扣教条。另一种偏向是离文谈道，这一派的儒家学者则束书不观，空谈心性。对于这一派的儒家学者，顾炎武曾有如次的批评。他说："昔之清谈谈老庄，今之清谈谈孔孟。未得其精而已遗其粗，未究其本而先辞其末，不习六艺之文，不考百王之典，不综当代之务，举夫子论学论政之大端，一切不问，而曰一贯；曰无言。"（《日知录》卷七《夫子之言性与天道》条）这里所谓不习六艺之文，就是不学习经典著作，不考百王之典，就是不研究历史，不综当代之务，就是不研究现状，然而这些学者却认为只要凭空一想，真理就悠然而来，而他们也就一声不响，走进了儒家的神殿，俨然圣人复生。

顾炎武的这几句话，现在读起来还很亲切，因为这几句使我们想起了毛主席的教训，不研究理论，不研究历史，不研究现状而高谈规律高谈体系，这种规律和体系是靠不住的。

（《人民日报》1962年1月21日）

史与论

在历史研究工作中，必须把史和论结合起来。所谓史就是史料，所谓论就是理论。我们所说的理论，就是马克思列宁主义。要做到史与论的结合，必须先掌握史料与理论。掌握史料与理论，是做好史与论结合的前提条件。

学习理论不是一件容易的事情。第一要记得，第二要懂得，但最重要的还是要能应用。记得不等于懂得，懂得不一定就会应用。我们之中有些同志，能背诵马克思主义经典著作中的名言，也懂得这些名言的意思，但是每当把这些理论结合到具体历史问题的时候，理论和史料就分了家。如果说也有结合，那不过是把史料贴上理论的标签，或者把理论加上史料的注释而已。这不能算结合，只能算生搬硬套。当然，学习应用马克思主义，经过这样的阶段是不足为奇的。但必须承认，史与论没有结合好，就是由于马克思主义还没有学好。那种满足于贴标签、作注释，自以为马克思主义已经学好了的态度，是不对的。

掌握史料不是一件容易事情。就中国史来说，历史书籍，浩如烟海，每一个历史问题的资料，散见各书，从那里找到这些资料，这是第一个难题。找到了，问题并没有完结，因为一大堆资料，哪些是重要的，哪些是次要的，哪些是可靠的，哪些是不可靠的，还要经过审查、判断。根据什么标准来审查、判断，这是第二个难题。审查、判断了，还不等于掌握了。要掌握史料还需要通过思考，把史料放在整个问题的发展过程中，安排在恰当的地方。怎样才能把史料安排在恰当的地方，这是第三个难题。必须解决这三个难题，才能算掌握了史料。

掌握了理论和史料，才能谈得到史与论的结合问题，有些同志轻视史料，甚至认为重视史料就是资产阶级思想，在史料和资产阶级思想之间划上一个等号，这是非常错误的。史料不是资产阶级的专利品，任何阶级研究历史都需要掌握史料，不仅资产阶级要掌握史料，奴隶主阶级、地主阶级也要掌握史料才能写出历史，为什么无产阶级就可以不掌握史料呢？把史料和资产阶级思想等同起来，这就无异说，只有资产阶级的史学家才根据史料说话，才是言必有据，而无产阶级的史学家反而可以信口开河，随便乱说。事实恰恰相反，只有无产阶级才真正重视史料，而资产阶级则在他们认为必要的时候，不惜歪曲史料，甚至捏造史料。

在史料的问题上，我们和资产阶级的区别，不是谁要史料、谁不要史料的问题，而是用什么立场、观点和方法来对待史料的问题。资产阶级用唯心主义的观点和形而上学的方法来对待史料，我们用历史唯物主义的观点和辩证唯物主义的方法来对待史料。

　　谈到结合，我们过去曾经流行过"以论带史"的提法，这样提问题的人，动机是好的，他的意图，是要用马克思主义统帅史料，反对不重视马克思主义的倾向，反对"唯史料论"、"史料即史学"等错误思想，因此在当时是起过积极作用的。但不论怎样，这种提法带有很大片面性，是一种不正确的提法。因为这种提法很容易令人误会研究历史要从理论出发，而不要从史实出发。从马克思到毛主席都曾告诉我们，研究历史要从实际出发，从具体的史实出发，不能而且不允许从理论出发，从概念出发。一般的理论或概念只是研究历史的指导原则，不是出发点。理论和概念是研究具体史实得出来的结论。如果从理论和概念出发，那岂不是先有结论，然后按照结论去武断历史？岂不是从理论到理论，从概念到概念，从抽象到抽象？这种研究方法，不是辩证法而是形而上学的方法。

　　"以论带史"的提法，必须废除，正确的提法应该是"观点与史料的统一"。

　　我曾经说过，写历史不要用写一段史料再写一段理论的办法，来体现史论的结合。这种办法实际上还是史论分家。正确的办法是让读者能够从史实的叙述中得出作者所要得出的结论。要作到这一点是不容易的，我自己就常常作得不好。当然，这并不排除概括性的结论。在说完了一个问题以后，用极概括的几句话来集中地强调作者对这一问题的看法，这并不算史论分家。

　　应用马克思主义研究历史，当然可以引用一些马克思主义经典著作中的文句，但必须搞清楚经典作家说这句话，是为了说明一个什么问题，不能把经典著作中的言语当作任何问题都可以通用的万应灵药。现在好像有一种倾向，觉得史学论文中引用经典著作中的文句愈多，则它的理论性愈高。这样，史学家的全部任务就在于挑选经典著作中的文句，就在于一再重复这些文句。然而史学家的任务，显然不是这样，而是用马克思主义的精神来研究具体历史，从具体历史中引出结论。

必须根据马克思主义的原理原则进行历史研究。但这不是说对于每一个具体的历史问题、历史人物都要引用一句马克思主义经典著作中的言语作为结论。世界历史是那么复杂，各国和各民族的历史都有它们的特点，马克思、恩格斯、列宁、斯大林、毛主席都只是告诉我们历史发展的总的规律性，只是告诉我们怎样根据这个历史发展的一般原则去研究个别国家、个别民族的历史。他们并没有对于每一个国家、每一个民族历史中的每一个历史问题或人物做出结论。毛主席告诉我们从孔夫子到孙中山都要研究，并没有把从孔夫子到孙中山之间的成千上万的历史人物都做出结论来。然而有些同志总想从马克思主义的文库中找出现成的结论，而且有些同志竟然"找到"了每一个这样的结论。在我看来，这种做法，如果不歪曲马克思主义，便要歪曲具体史实。

必须反对这种不用脑筋的教条主义的研究方法。但反对教条主义并不是说就可以不学习经典著作，可以不熟悉经典著作中的一些原则、公式。这些原则、公式和教条主义是有区别的。它是马克思主义在分析社会和历史中得出来的；教条主义是把这些原则、公式当作一切，不分析具体事实，而用原则、公式代替具体事实。

在这个问题上，我还要着重指出我们和现代修正主义者之间存在着最大的原则性的分歧。修正主义者也在那里攻击"教条主义"，但是他们所攻击的正是马克思主义的最根本的东西。而我们则是为了创造性地发展马克思主义。

（原题《关于史与论的结合问题》，载《光明日报》1962年2月14日）

目前史学研究中存在的几个问题

　　解放十三年来，特别是大跃进的四年来，我们在历史科学的研究和教学方面，进行了巨大的工作，取得了辉煌的成就。

　　在历史研究方面，我们提出了很多中国史上的重大问题，如中国古代史和近代史的分期问题，中国封建社会内部分期问题，资本主义萌芽问题，土地所有制问题，农民战争问题，汉民族形成问题，少数民族社会性质问题，历史人物评论问题等等。对于这些问题，都展开了热烈的讨论，虽然还有分歧的意见，但对这些问题的认识，已经深入得多了。

　　在教学方面，我们开出了很多新的、以前没有的课程，如中国现代史，世界现代史，工人运动史，中国民族史，亚洲、非洲、拉丁美洲史等等。对于这些新的课程，都写出了讲稿，虽然这些讲稿尚有待于进一步充实，但大体上都已经粗具规模。

在资料编纂方面，也做了很多工作。我们编出了《中国近代史参考资料丛刊》十一种，字数在两千万以上。中国古代史资料也编了很多。此外，我们还从历史档案中辑出了很多前所未见的资料。还有考古发掘和民族调查中新发现的历史资料。根据不完全的统计，解放以来，我们在考古发掘中发现的完整的古器物在四十万件以上，不完整的在五百万件以上。经过初步整理的民族调查资料，约有两亿多字。

在古籍整理方面，《资治通鉴》已经出版，二十四史正在标点。历史文献上保留下来的最基本、最系统的民族史资料四夷列传，已经整理完毕，出版了一部分。此外很多卷帙浩繁的类书、丛书都已出版。

在工具书方面，我们编出《中外历史年表》。历史地图、历史图谱也正在编纂和绘制中。

应该特别指出的是近几年来，我们编写了很多种历史小丛书，这对于普及历史知识起了很大的作用。

所有这些，都是我们在历史科学方面取得的成绩，但更大的成绩还不是上述各方面的成就，而是我们在历史科学领域内巩固地树立了马克思列宁主义旗帜，确立了毛泽东思想的指导地位，解决了历史科学的方向问题和道路问题。培养了大量的青年史学工作者，扩大了马克思列宁主义历史科学的队伍，加强了历史科学战线上的力量。

我们在历史科学方面取得的成绩是很大的，应该肯定这是我们在历史科学战线上的胜利。但是在我们走向胜利的路途中，是不是就没有任何缺点呢？在我看来，缺点是有的，而且不少，有些缺点还是相当严重的。虽然这些缺点，比起成绩来只是一个指头的问题，但是缺点总是缺点。我们应该承认这些缺点，改正这些缺点，让我们的历史科学更健康地发展。现在我要谈的就是缺点。

　　我今天想谈四个问题：（一）史与论的问题，（二）政策与理论的问题，（三）阶级观点与历史主义的问题，（四）客观规律性与主观能动性的问题。

一　史与论的问题

　　史与论的问题不仅是历史学上的一个问题，文学、哲学、政治、经济、法律等都有这个问题。

　　有一个时期，在学校里曾经流行过"以论带史"的口号，这个口号在当时是起过一定的积极作用的。通过这个口号，我们反击了资产阶级的"唯史料论"、"史料即史学"等等的谬论，从原则上扭转了那种轻视马克思列宁主义、毛泽东著作的资产阶级历史学的倾向。但是这个口号带有很大的片面性，在我个人看，甚至可以说是错误的。因为"以论带史"的提法，意味着研究历史要从理论或概念出发，不从具体史实出发。这和马克思主义经典著作上的提法是不符合的。恩格斯说："共产主义不是学说，而是运动。它不是从原则出发，而是从事实出发。被共产主义者作为自己前提的不是某种哲学，而是过去历史的整个过程。"①又说："不论在自然科学或历史科学的领域中，必须从既定的事实出发，……在理论的自然科学中不能虚构一些联系放到事实中去，而是要从事实中发现这些联系。"②毛主席《在延安文艺座谈会上的讲话》中说："我们讨论问题，应当从实际出发，不是从定义出发。"又说："我们是马克思主义者，马克思主义叫我们看问题不要从抽象的定义出发，而要从客观存在的事实出发。"③显然，"以论带史"的提法和马克

---

　　①　《马克思恩格斯全集》第四卷，第311—312页。

　　②　恩格斯：《自然辩证法》，人民出版社，1957年，第27页。

　　③　《毛泽东选集》第三卷，人民出版社，1952年，第854—855页。

思主义经典作家的提法是背道而驰的。这个提法应该废除。正确的提法应该是观点与材料统一。

有人说，"以论带史"的"论"是指马克思列宁主义和毛泽东思想，难道用马克思列宁主义和毛泽东思想带动历史研究还有什么错误吗？用马克思列宁主义和毛泽东思想作为原则来研究历史或其他社会科学，当然没有错误，但是，从马克思到毛主席的思想，都只能是研究的指导思想，不是研究的出发点。研究的出发点不是原则而是特定的具体事实。恩格斯说过："原则并不是研究的出发点，而是它的终了的结果；这些原则不是被应用于自然界和人类历史，而是从自然界和人类历史中抽象出来的；并不是自然界和人类要适合于原则，而是相反地，原则只有在其适合于自然界和历史之时才是正确的。"①因此我们只能用原则去研究具体事实，再从具体事实的研究中概括出新的原则。研究应该是从事实到原则，从具体到抽象，不是从原则到原则，从抽象到抽象。

由于"以论带史"的口号带有片面性，所以后来产生了流弊，以致把"以论带史"变成了"以论代史"。个别教师简直就少讲或不讲具体的历史事实，用社会发展史的原理原则代替具体的历史。他们随便摘录一些经典著作中的文句来代替具体的科学分析，不分析具体的历史情况，只根据经典著作中的一二文句便做出结论。在讲稿中，不是空空洞洞说一些原理原则，就是干巴巴引用一些教条，一再重复人所周知的道理，把一些臆想的结论强加于具体的历史，委屈甚至割裂具体的历史，使历史上的客观存在服从历史家主观的意图。但是，历史学的任务，并不是要我们重复人所周知的道理，而是要用马克思主义的原则来分析具体的历史，找出历史发展的规律。

当然，有些教师，也引用一点材料，但他们不是根据这些材料做出

----

① 恩格斯：《反杜林论》，人民出版社，1956年，第34页。

独立的概括，更谈不到创造性地解决历史问题。他们挑选材料只是作为原理原则的注脚，因而研究的全部艺术就在于多多益善地引用经典著作中的词句。经典著作变成了历史科学的标签。

愈空洞愈好，愈抽象愈好，愈枯燥愈好，在有一个时期似乎曾经成了一种风气。有些人，甚至要在"打破王朝体系"的口号之下，从历史上消灭典章制度、王朝兴亡和其他具体史实，乃至要从历史上消灭那些作为时代标志的王朝的称号。这样一来，历史上剩下来的就只有公元纪年了。

"打破王朝体系"这个口号是对的，但是"打破王朝体系"是打破以帝王为中心的思想体系，不是从历史上消灭王朝的称号。王朝是历史的存在，是不应该消灭的，用不着消灭的，也是消灭不了的。然而有人就想消灭王朝。这种想法，我以为是错误的，因为历史学家无权根据自己的爱憎从历史上消灭具体事实，历史学交给历史学家的任务是分析这些具体事实，做出正确的结论。

由于以论代史，因而有一个时期，在我们的历史教学或研究中，只是围绕着马克思列宁主义中的一般原理原则甚至文句转来转去。马克思列宁主义是应该学习的，但我们要学习的，不只是它的文句，更重要的是它的精神实质，它的思想方法。文句也应该记得，也可以引用，但不是把文句作为花边，作为标签。公式更应该记得，但不能把公式当作铁范来改铸历史。恩格斯说过："至于说到您用唯物主义的方法来处理这个问题的尝试，那么首先我应当说明：不把唯物主义的方法当作研究历史的指导线索，而把它当作现成的公式，将历史的事实宰割和剪裁得适合于它，那么唯物主义的方法就变成和它相反的东西了。"①

马克思主义的一般原理原则是放之四海而皆准的真理，但并不等于

---

① 恩格斯：《给保尔·爱因斯特的信》，《马克思、恩格斯论艺术》（一），第178页。

具体历史，更不能代替具体历史。正像列宁所说的："如果谈到某一国家（例如谈到这个国家的民族纲领），那就要估计到在同一历史时代这个国家不同于其他国家的具体特点。"①如果不估计到一个国家的具体特点，那就不可能找到这个国家的历史发展的规律。因为马克思发现的历史发展规律，是人类历史发展的共同规律，而各国的历史还有它们的特殊发展规律。如果每一个国家的历史学家都把共同规律当作自己的历史，那世界各国只要一部历史就够了。

修正主义者过分地强调历史的特殊性，特殊到马克思主义都不能应用，这是对马克思主义的背叛。但只讲普遍真理、一般原则，不结合自己历史的特点，这种教条主义也是应该反对的。毛主席的伟大，就在于把马克思列宁主义的普遍真理、一般原则和中国具体的历史实际、革命实际结合起来。然而我们在历史教学和历史研究中并没有学会毛主席的方法，以致使内容丰富多彩、具体生动的历史变成了单调、僵死和干燥无味的教条，变成了一片沙漠。在有些讲稿中，充满了"矛盾""规律"等词汇，但矛盾没有对立面，因而谁和谁矛盾也闹不清楚。规律还是一般的规律，至于中国历史发展的规律如何，还是没有找到。总起来说，片面性、抽象性、简单化、绝对化、现代化，是这几年历史教学和研究中突出的缺点。

现在我们提出了观点与材料统一，这种提法是非常正确的。但是怎样统一，这个问题也还没有很好地解决。为了贯彻观点与材料的统一，在有些讲稿中，出现了这样的现象，即先写一段理论，再写一段史料，或者先写一段史料，再写一段理论。总之不是用理论去硬套历史，就是用史料去迁就理论。结果理论是理论，史料是史料，并没有统一起来。要做到观点与材料的统一，应该是把史料融解在理论之中，或者说把理

---

① 《列宁全集》第二四卷，第401页。

论体现在史料之中，而不是在其外，“就像颜色和大理石的物质特性不是在绘画和雕刻领域之外一样。”①

现在再谈谈对待史料的态度问题。有一个时期，由于资产阶级史学家传播所谓"唯史料论"和"史料即史学"等等错误的说法，我们反对了这些错误的说法，这是完全必要的。但是有些个别的同志，在反对"唯史料论"的时候，也反对史料本身，并且把史料和资产阶级等同起来，把史料和资产阶级思想一起反，这是错误的。因为这就无异说，只有资产阶级才重视史料，才根据史料研究历史，无产阶级反而不重视史料，不根据具体的史实研究历史。资产阶级是言必有据，无征不信，无产阶级反而是信口开河，随便说话。

史料不是资产阶级的专利品，任何阶级研究历史都要占有史料。地主阶级，资产阶级，无产阶级都要占有史料。在对待史料的问题上，我们和资产阶级的区别，不是谁要史料，谁不要史料，即不是史料占有问题，而是站在什么立场，用什么观点、方法来分析史料的问题。资产阶级的史学家站在资产阶级的立场，用唯心论的观点和形而上学的方法对待史料；我们则是站在无产阶级的立场，用唯物论的观点和辩证唯物主义与历史唯物主义的方法来对待史料。这就是我们和资产阶级在对待史料问题上的区别。

一直到现在，可能有些同志还没有想通，不敢提史料的重要性，怕这样提会犯错误。我以为这种顾虑是完全没有必要的。应该肯定史料是重要的，研究历史没有史料是不行的，史料是弹药，没有弹药专放空炮是打不中敌人的。马克思本人就很重视资料。他在《资本论》第二版跋文中说：

“研究必须详细地占有材料，分析它的不同的发展形态，并探寻出

---

① 《马克思恩格斯论艺术》（一），人民文学出版社，1960年，第113页。

这各种形态的内部联系。不先完成这种工作，便不能对于现实的运动，有适当的说明。"①对现实运动如此，对历史问题也是一样。

恩格斯在《论马克思的〈政治经济学批判〉》一文中也说到史料的重要性。他说：

"唯物主义的认识的发展，哪怕是单单对于一个历史实例，都是一种科学工作，要求多年的冷静钻研，因为这是很明白的，单靠几句空话是做不出什么来的，只有大量的、批判地审查过的、透彻地掌握住了的历史资料，才能解决这样的任务。"②

毛主席也一再地教导我们研究必须占有材料。他在《改造我们的学习》一文中说：

"详细地占有材料，在马克思列宁主义一般原理的指导下，从这些材料中引出正确的结论。"③

应该记得这些经典作家的教训。我们研究历史，不是把原则输入历史，而是从具体的历史引出原则来。要做到这一点，就必须详细占有材料，把握事实的总和。

材料是知识的泉源。作为一个历史研究者，不应该拒绝历史资料。拒绝历史资料就是拒绝历史知识。我们有什么理由要拒绝历史知识呢？

马克思恩格斯列宁毛主席都没有说过研究历史或现状可以不要材料，专讲空话；当然，他们也没有说过只要材料，不要理论就可以解决历史问题或现实问题。不论是研究历史或现状，都要做到观点与材料的统一。因此只要不是片面地强调材料，我认为是不会犯错误的。

关于书本知识问题。有一个时期，对书本知识重视不够，这是不对

①　马克思：《〈资本论〉第二版跋》，《资本论》第一卷，人民出版社，1953年。

②　恩格斯：《论马克思的〈政治经济学批判〉》，《政治经济学批判》，人民出版社，1955年，第177页。

③　《毛泽东选集》第三卷，人民出版社，1952年，第801页。

的。专靠书本知识，不重视从生产劳动和阶级斗争中去吸收知识，这是一种片面；反之也是一种片面。一般说来，资料的来源有两种：一种是从调查得来，这是当代人民创造的知识；一种是从书本中得来，这是前人积累起来的知识。对于历史研究来说，书本上的知识是主要的。马克思就很喜欢进图书馆，曾经很尖锐地讽刺了那些不愿从书本上搜集资料的懒汉。他在1851年6月27日写给魏德迈尔的信上说："每天从早上九点到晚上七点，我通常在不列颠博物馆里。……民主派的傻瓜们，认为知识是'从天上'掉下来的，自然不需要这种努力。他们这些幸运儿为什么要为一些经济学的和历史的材料自寻苦恼呢？"[①]

人们总以为在科学的花园里，到处都摆着酒席在等待着自己，分给科学家的任务就只需要张开嘴来接受绝对科学的烤火鸡就得了。其实马克思恩格斯列宁毛主席都没有替我们预备这样多的绝对科学的烤火鸡，他们并没有对于每一个国家的历史上的每一个具体问题，都准备好现成的答案，他们只是告诉我们寻找答案的方法。而人们往往对于自己碰到的任何问题，都要找一句经典著作来保镖，好像任何具体的历史的答案都已经放在马克思主义经典著作的文库中，只需要一伸手之劳，就可以完成自己的科学研究。这种懒汉的思想，必须批判。

二 政策与理论

在历史研究中，不仅有理论问题，有时也会碰到政策问题，例如在处理历史上的民族关系问题，就会碰到民族政策，在处理历史上的国际关系问题，就会碰到外交政策等等。在历史研究中，要不要贯彻政策的精神呢？如果要贯彻，如何贯彻呢？这是一个没有解决的问题。

---

① 《马克思给魏德迈尔（1851年6月27日）》，《马克思恩格斯给美国人的信》，人民出版社，1958年，第25页。

　　在我个人看来，在历史研究中是要贯彻政策的精神的。例如当我们讲到历史上的民族关系时而欢呼民族压迫，这是不允许的，因为违背了我们民族政策的基本精神。同样，当我们讲到历史上的国际关系而欢呼对邻国的征服也是不允许的，因为违背了我们外交政策的基本精神。当然我们也不能说在历史上出现了民族压迫和征服战争是不应该的，只能说在我们今天看来是不对的。所谓贯彻政策只是贯彻这种精神而已，并不是把我们今天的政策，都塞到古代史中去。然而有一个时期，有个别的同志狭隘地理解历史学要为政治服务和历史学要结合实际以及古为今用等提法，几几乎把党的任何一个政策、号召、口号都塞到古代史中去，主要地是塞到封建社会历史中去。好像我们今天推行的任何一种政策，今天提出来的任何一种号召和口号，在古代封建社会的统治阶级都已经推行过和提出过。例如有人把农业是基础，工业是主导塞到古代史中去。农业在古代封建社会的经济生活中，确实占有重要的地位，但在封建社会历史时期的统治者怎么能提出工业是主导的口号呢？而且封建社会重视农业和我们今天提出的农业是基础，也有本质的差异。前者是为了保证赋税的来源，巩固封建地主阶级的阶级统治，后者则是为了建设社会主义社会打好基础，怎么能相提并论呢？又如有人把毛主席所说的帝国主义的两手也塞到古代史中去，认为古代的农民已经清楚地认识了封建统治阶级的剿抚是两手政策。剿抚是历来封建统治阶级镇压农民战争的两手，但一直到毛主席才第一次指出这是两手政策，怎么能说古代的农民就知道了呢？如果古代的农民早就知道剿抚是封建统治阶级的两手政策，他们就不会受骗了。最普通的例子是贯彻民族平等政策，有不少的历史书把封建社会历史时期的民族关系说成是一个民族大家庭，好像自古以来中国境内的各民族就是平等的，但是在整个阶级社会历史时期，民族之间的关系，是不平等的。甚至还有个别的同志用万隆会议的五项原则来写封建王朝的国际关系；也有个别的同志主张按毛主席在

《关于正确处理人民内部矛盾的问题》中提出的六条标准来评论历史人物。最奇怪的是为了反对和平主义，竟从文学教材中删去李华的《吊古战场文》和杜甫的三吏三别。显然，用这样今古不分的方法来贯彻政策是违反历史主义的。这简直是强迫封建皇帝执行共产党的政策，是用社会主义的政策改造阶级社会的历史，是把古代史上没有的不可能有的事情硬塞到古代史中去。

政策和理论是有区别的。虽然政策是根据理论制定的，虽然政策在原则上要服从理论。马克思主义的理论是从世界各国历史中概括出来的普遍真理、一般原则；而共产党的政策则是根据马克思主义的普遍真理、一般原则再结合各个国家的历史实际和革命实际制定的行动纲领。理论是带有普遍性的，它没有时间和地域的限制；而政策则是带有特殊性的，它既有时间的限制，也有地域的限制。具体地说，理论是可以通行古今中外的；政策则只管本国，只管今天。因此正像我们不能把中国的政策推行于外国一样，我们也不能把今天的政策推行于古代。由于历史条件和历史任务不同，出现在不同的历史时期的不同的统治阶级——奴隶主阶级，封建地主阶级，资产阶级，都为了保卫他们的阶级利益，制定了不同的政策。而且在同一封建社会，各个王朝的政策也是不同的；同一王朝，各个帝王制定的政策又是不同的。以西汉王朝对待匈奴的政策为例，汉武帝以前主要地是和亲政策，到汉武帝统治时期则是战争政策，到汉元帝时又回到和亲政策。由此看来，同一封建社会，也不能把后一王朝的政策塞到前一王朝；同一王朝，也不能把后一帝王的政策塞到前一帝王的统治时期。怎么能把社会主义社会的政策塞到封建社会的历史中去呢？

政策和理论的另一区别是，理论是带有原则性的，它要说明的是"为什么"；政策则是具体性的，它的任务是规定在一定时期之内，应当做什么，不应当做什么，只能做什么，不能做什么。各个历史时期的统治阶级都有自己的政策，他们的政策都规定了当时应做和不应做，许做和不许做的事。怎么能把我们今天认为应做的事强迫古人去做，把我们今天认为不能做的事禁止古人去做呢？

政策和理论还有一个区别，就是政策要更多的照顾当前的具体情况。有些问题从理论上说是正确的，但这种正确的理论在什么时候发表最为适宜，就要受到政策的指导。《国策·卫策》上有这样一段话："卫人迎新妇，妇上车，问：骖马谁马也？御曰：借之。新妇谓仆曰：拊骖无笞服。车至门扶，教送母灭灶，将失火。入室见臼曰：徙之牖下，妨往来者。主人笑之。此三言者，皆要言也，然而不免为笑者，早晚之时失也。"正像《国策》的作者所说的，这位新妇所说的话都是对的，就是说话的时间不对，因而变成笑话。政策也有这个问题。

不把我们今天的政策塞进历史，历史学能不能为政治服务呢？我以为是可以的。历史学为政治服务，不是配合当前的每一个政治运动，政治上来一个什么运动，历史上就要塞进这个运动。而是为一定的阶级在一定时期的需要服务。对于今天中国的史学家来说，就是为无产阶级、为社会主义革命和建设服务。同时，历史学为政治服务，也不是把古人古事都拉扯到现代，而是总结历史上生产斗争和阶级斗争的经验，包括成功的经验和失败的经验，用这种经验的总结为政治服务；而是探求历史发展的规律，指出历史发展的倾向，用规律性和倾向性的知识为政治服务。

三　阶级观点与历史主义

历史学是具有阶级性的科学，任何阶级的历史学家都会自觉或不自觉地站在自己的阶级立场，用他们自己的阶级观点来分析历史问题。用阶级观点分析历史问题，这是一个历史学家的阶级性或党性在历史学上的表现。公开地站在无产阶级的立场，用无产阶级的观点来对待任何历史问题，这是对于一个马克思主义历史学家的基本要求。但是除了阶级观点以外，还要有历史主义。列宁说："在分析任何一个社会问题时，马克思主义理论的绝对要求，就是要把问题提到一定的历史范围之内。"①分析社会问题应该如此，分析历史问题也应该如此。

必须把阶级观点与历史主义结合起来。如果只有阶级观点而忘记了历史主义，就容易片面地否定一切；只有历史主义而忘记了阶级观点，就容易片面地肯定一切。只有把二者结合起来，才能对历史事实做出全面的公平的诊断。

历史主义是重要的。列宁说："马克思和恩格斯在他们的著作中特别强调的是辩证唯物主义，而不是辩证唯物主义，特别坚持的是历史唯物主义，而不是历史唯物主义。"②然而有些史学家却没有注意到列宁的这两句话。例如对待封建主义和地主阶级的问题，就缺乏历史唯物主义的观点。为了站稳立场，有些同志见封建就反，见地主就骂。作为一个马克思主义历史学家，应该反对封建，反对地主，反对一切剥削制度和剥削阶级，但是从历史主义的观点看来，任何剥削制度、剥削阶级都曾经在它的上升阶段起过进步作用。例如当封建制代替奴隶制的时候，它是一种进步的制度；当地主阶级反对奴隶主阶级的时候，它是一个革命阶级。只有当这些阶级走向没落的时候，当这些制度走向崩溃的时候，才是反动的，该骂的，该反的。如果当这个阶级、这个制度一出现于历史就反对它们，岂不是反对历史的发展。

有人说封建制代替奴隶制不过是一种剥削制度代替另一种剥削制度，地主阶级代替奴隶主阶级不过是一种剥削阶级代替另一种剥削阶级，因此不管它是处在上升阶段或崩溃阶段，都应该反对。但是这些同

---

① 《列宁全集》第二十卷，第401页。

② 《列宁全集》第十四卷，第348页。

志忘记了，同样的剥削制度，封建制比奴隶制总要好些，地主阶级的统治比奴隶主的统治总要好些。只有站在奴隶主的立场，才能反对新出现的封建制。

对于这个问题，恩格斯在《反杜林论》中说得很清楚。他说："当一定的生产方式处在自身发展的上升阶段之时，甚至在和这种生产方式相适应的分配方式里面受到损失的那些人，也会赞美这种生产方式。大工业兴发时代的英国工人，就是如此。进而言之，当这种生产方式对于社会还是正常的那个时候，对于分配来说，满意的情绪也会占支配的地位；那时即使发出了抗议，也只是从统治阶级自身的人们中发出来的（圣西门、傅立叶、欧文），而在被剥削的群众中则恰恰得不到任何响应。只有当这种生产方式已经走过自身没落阶段的颇大一段行程之时，当它一半已经腐朽，当它的存在条件大部分已经消失而它的后继者已在敲门的时候——只有在这时候，分配上的愈益增长的不平等，才被认为是非正义的，只有在这时候，人们才开始从以往过时了的那些事实出发，诉诸所谓永恒的正义。"[1]恩格斯的说法是对的。如果历史主义地对待剥削制度和阶级，也应当区别它的上升阶段和崩溃阶段。

我们研究历史，不仅要从各个不同的历史阶段上来观察历史发展的总的过程，还要从每个历史阶段来观察一定历史时代的历史发展过程。作为一个历史过程来说，相继出现于历史的每一个生产方式或社会制度，都是历史向前发展的一个步骤，都是生产力向上发展的结果，不能因为它们是剥削制度就一律骂倒。恩格斯不止一次指出奴隶制度在整个历史发展过程中所起的进步作用。他说"没有奴隶制，就没有希腊的国家、希腊的艺术和科学；没有奴隶制，也就没有罗马国家，而没有希腊和罗马所奠定的基础，也就没有近代的欧洲。我们永远不应该忘记，全

---

① 恩格斯：《反杜林论》，人民出版社，1956年，第153页。

部我们的经济、政治和智慧的发展，是以这样的状态为前提的：奴隶制既为人所公认，又以同样程度为人所必需。在这个意义上我们有权说，没有古代的奴隶制，也就没有近代的社会主义。"①恩格斯当然知道奴隶制是一种最野蛮的剥削制度；他当然也反对奴隶制度。但是从历史主义的观点来看，不能不承认它在整个历史发展过程中曾经起过进步作用。

为了站稳阶级立场，有一个时期，有些同志把全部中国古代史说成是漆黑一团，说成是一堆垃圾，说成是罪恶堆积。其所以如此，不是因为别的什么原因，只是因为古代史都是阶级社会的历史。用这样的态度对待古代史，也是非历史主义的。在这里，我想引用恩格斯批评杜林的几句话。恩格斯说："如果杜林先生因希腊以奴隶制为基础而嗤之以鼻，那么他也可以用同样的理由去责备希腊人：为什么他们那时没有蒸汽机及电报。"②恩格斯这几句话，对于蔑视古代封建社会的人也是适用的。

在阶级社会的历史中，充满了黑暗，这是事实。但是在任何黑暗的时代总有一线光明。如果连一线光明也没有，历史就停止了发展。然而历史从来没有停止发展。毛主席说："今天的中国是历史的中国的一个发展。"③如果历史的中国只是一些罪恶的堆积，而没有任何值得继承的东西，那么今天的中国根据什么东西建立起来呢？难道我们要再来一次盘古所作的开天辟地的工作吗？应该历史主义地对待自己的历史，不应该对自己的历史采取虚无主义的态度。

也是为了站稳立场，讲历史上的矛盾，只讲敌对阶级间的矛盾，不讲统治阶级内部的矛盾，认为统治阶级内部的矛盾是狗咬狗，值不得一提。不仅不讲统治阶级内部的矛盾，就是讲敌对阶级间的矛盾，也只讲

---

① 恩格斯：《反杜林论》，人民出版社，1956年，第193—194页。

② 恩格斯：《反杜林论》，人民出版社，1956年，第195页。

③ 《毛泽东选集》第二卷，人民出版社，1952年第二版，第522页。

革命的一面，不讲反革命的一面，甚至讲革命的一面，也只讲优点，不讲缺点，好像讲了反革命的一面，或者讲了革命的一面的缺点，就会丧失立场。只讲敌对阶级间的矛盾，不讲统治阶级内部的矛盾，已经是一种片面；讲敌对阶级间的矛盾又只讲革命的一面，讲革命的一面，又只讲优点，这就是片面之片面。如果用这样的态度对待历史，历史就太简单了，简单到任何矛盾也没有了。

在有些讨论农民战争的文章中，把农民革命的领袖说得比现在无产阶级的革命领袖还要进步。他们在马克思阐明阶级与阶级斗争之前，已经清楚地知道地主是一个阶级并知道把地主当作一个阶级来反对。在马克思指出封建是一个历史发展的阶段、一个剥削制度以前，已经清楚地知道封建是一种制度，并且知道把封建当作一个制度来反对。在恩格斯和斯大林提出皇权主义的问题以前，已经清楚地知道不把皇帝当作个人，而是当作皇权主义来反对。甚至认为农民可以在封建社会的基础上建立一种非封建性的政权。显然这些同志是以为自己认识的事情，古人也能认识。实际上，今天小学生能够认识的问题，古代的圣人也不能认识。用这样的态度对待农民战争问题，难道是历史主义吗？

在对待历史人物的问题上，也有非历史主义的倾向。有些同志简直用阶级成分作为评论历史人物的标准。很多历史人物之所以被否定，不是因为别的什么原因，就是因为他们出身于地主阶级。特别对于统治阶级的代表人物帝王将相，即使要肯定他们，也得先骂他们几句，或者在肯定以后，又加以否定。好像不如此，就会丧失阶级立场。我曾经接到一位同志的来信。在这封信上，他提出了一个天真的假设。他说假使中国历史上没有以剥削为生的地主阶级及其代表人物帝王将相，中国的封建社会就不会停滞这样久了。但是在世界史上哪里有一个没有地主阶级、没有帝王将相的封建社会呢？

由于用阶级成分作为评论历史人物的标准，很多古代文学家的名字便从文学史上消灭了，因为这些文学家有的是官僚地主，有的还是贵族、皇帝。幸而没有严格地依照这个标准，否则屈原和白居易也危险了。因为屈原是楚国的贵族，做过楚怀王的左徒；白居易也是地主官僚，他在"洛中有小宅，渭上有别墅"，还有"家僮十余人，枥马三四匹。"

是不是阶级社会就不能产生这个时代所需要的伟大人物呢？马克思曾经回答过这个问题。他说："如黑尔维萃所说的那样，每一个社会时代都需要有自己的伟大人物，如果没有这样的人物，它就要创制出这样的人物来。"①这里所说的每一个社会时代，自然也包括封建社会在内。恩格斯也称颂文艺复兴时代是一个需要而且产生了巨人的时代。②这里所谓巨人，也不是指的无产阶级，而是指的"给近代资产阶级统治打下基础的人物"。

最普遍的现象是用现代的标准，甚至用现代无产阶级先锋队的标准去要求古人。在这种要求之前，所有的历史人物都要被否定。如果要肯定他们，那就只有把历史人物现代化，把他们说得和现代无产阶级的先锋队一样。但是在真实的历史中是没有、也不可能有这样的历史人物的。用这样的要求对待历史人物，难道是历史主义吗？列宁说过："判断历史的功绩，不是根据历史活动家没有提供现代所要求的东西，而是根据他们比他们前辈提供了新的东西。"③毛主席在《纪念孙中山先生》一文中也说："孙先生也有他的缺点方面。这是要从历史条件加以说明，使人理解，不可以苛求于前人的。"④对历史人物的评论，应该记得列宁和毛主席的教训。

---

① 《马克思恩格斯文选》（两卷集）第一卷，人民出版社，1961年，第171页。

② 恩格斯：《〈自然辩证法〉导言》，《自然辩证法》，人民出版社，1957年，第5页。

③ 《列宁全集》第二卷，第150页。

④ 《毛泽东选集》第五卷，人民出版社，1977年，第312页。

当然过分地强调历史主义，用历史主义来辩护落后的东西，也不是马克思主义而是客观主义。关于这一点，列宁说得很清楚。他说："客观主义者谈论现有历史过程的必然性，唯物主义者则是确切地肯定现有社会经济形态和他们所产生的对抗关系。客观主义者证明现有一系列事实的必然性时，总是不自觉地站到为这些事实做辩护的立场上，唯物主义者则是揭露阶级矛盾，从而确定自己的立场。客观主义者谈论'不可克服的历史趋势'；唯物主义者则是谈论那个'支配'当前经济制度、造成其他阶级的某种反抗形式的阶级。"又说，唯物主义者"不仅指出过程的必然性，并且阐明正是什么样的社会经济形态提供这一过程的内容，正是什么样的阶级决定这种必然性"。[①]列宁的这些话告诉我们，历史主义必须具有阶级观点的内容，否则就不是唯物主义，而是客观主义了。

四　客观规律性和主观能动性

历史学的主要任务就是探求社会发展的客观规律性。

社会发展的规律性和自然发展的规律性是有区别的。"在自然界中（把人对自然的反影响，暂且撇开不提）彼此发生作用的，只是一些盲目的、不自觉的力量，而一般规律是表现在这些力量的相互作用中。……在社会历史领域内起作用的则是人，而人是赋有意识，经过深思熟虑而行动，或受因热情驱使而行动、并且抱有一定的目的的。"[②]但是不管人的作用有多大，它丝毫不改变历史进程服从内在的一般规律性。因此全部问题就在于发现这种规律性。

---

① 《列宁全集》第一卷，第369—378页。

② 恩格斯：《费尔巴哈与德国古典哲学的终结》，人民出版社，1957年，第37页。

客观规律性是重要的。在历史研究中，谁要忽略了这一点，谁就会犯错误。因为这种规律构成一条鲜明的线索，贯串于历史发展的全部过程。但是不论客观规律性怎样重要，它并不排除人在历史上所起的作用。列宁说过："历史必然性的思想也丝毫不损害个人在历史上的作用，因为全部历史，正是那些无疑是活动家的个人的行动构成的。"①列宁的话是完全正确的。历史是人创造的，没有人，就没有人类的历史。如果从历史上抽出了人的活动和他们活动所起的作用，那么，历史就变成自动发展了。但是正像恩格斯所说的：并没有什么经济情况自动发生的作用，像某些人为着简便起见而设想的那样，而是人们自己创造着自己的历史。虽然人们创造自己的历史要受到客观规律性的约制，但是人的历史总不是客观规律性的自动发展，而是人创造的。

资产阶级的史学家，否认历史发展的客观规律性，认为历史可以完全按照人的主观愿望而发展，人的历史活动可以不受任何约制，人想创造怎么样的历史就能创造怎么样的历史，这当然是一种荒谬的神话。但是如果把历史发展的客观规律性绝对化，而把人，包括个别历史人物在历史上所起的主观能动性的作用降低到不应该的程度，也不是马克思主义，而是经济决定论。

有一个时期，在有些历史讲稿中，只是按照社会发展史的一般规律性来描写中国史和世界史，很少提到历史人物、特别是统治阶级的代表人物帝王将相的名字。当时有人挖苦我们说，一部中国通史提到的帝王只有秦皇汉武唐宗宋祖四个人，后来又加了一个曹操，一个武则天。这当然是过甚其辞，但提到的帝王将相很少，确是事实。世界史也是一样，在世界古代史上已经看不见凯撒和亚历山大的名字。不仅帝王将相的活动写得很少，就是农民战争的领导人物也写得不多。在有些论农民

---

① 《列宁全集》第一卷，第139页。

战争的篇章中，总是用矛盾尖锐化一类的空话来证明农民战争的必然性。发明家的名字几几乎也要从历史上删去，因为在有些同志看来，所谓发明，不过是总结劳动人民的经验而已，不应该把发明的功绩写在个人名下。而且在写到个别人物、特别是帝王将相的活动时，也不承认他们在历史上所起的作用，好像他们都"是被历史必然性的内在规律从神秘的暗室里牵出来的傀儡。"①历史人物并不是傀儡。马克思在写给库格曼的信上说：历史发展的加速和延缓在很大的程度上，取决于这些偶然情况，其中也包括起初领导运动的人们的性格那样偶然的情况。帝王将相可不可以写呢？我以为是可以写而且应该写的，问题就在于如何写。马克思在《〈资本论〉初版序》上说：　"我决非要用玫瑰的颜色来描写资本家和地主的姿态。这里被考察的一切人，都不过是经济范畴的人格化，是一定阶级关系和利益的负担者。"②我们写帝王将相，并不是因为他们是帝王将相，而是因为他们是封建经济范畴的人格化，是封建地主阶级的利益的代表人物。我们不是为了写人而写人，而是通过人写出人和人在一定生产中的关系，写出阶级关系。在阶级社会，任何人都要属于一定的阶级，人的活动归根到底是阶级的活动，是阶级斗争，而阶级斗争是历史发展的动力。

农民战争的领导人物更应该写，因为这些人在不同的规模上推动了一个阶级起来行动，而这个阶级的行动又推动了历史。发明家也要写，因为历史上的发明，归根到底，虽然是劳动人民经验的总结，但是经验的积累不等于发明，要把积累起来的经验加以总结提高才能有所发明，不能把经验和总结经验等同起来，从而低估发明家对历史做出的贡献。

着重说明历史发展的规律性是完全正确的，但不能用规律性去说明

① 《列宁全集》第一卷，第139页。

② 马克思：《〈资本论〉初版序》，《资本论》第一卷，人民出版社，1953年，第5页。

规律性，要通过具体的人的活动去说明规律性。然而有些同志用世界史发展的一般规律性来说明中国史发展的规律性，好像世界史上有过的，中国史上必须有，而且不能和世界史不同，否则不合乎规律。但是列宁反对这种说法。他说："从来也没有一个马克思主义者在任何地方论证过：俄国应当有资本主义，因为西方已经有资本主义等等。"

写历史必须写人，必须承认人的主观能动作用，这种作用，有些是进步的，有些是反动的，只要对历史起了作用的就要写。起进步作用的人要写，起反动作用的人也要写；只有不起作用的人可以不写。毛主席告诉我们："从孔夫子到孙中山，我们都应当给以总结。"[①]在这里毛主席并没有说有些人应该除外。

马克思在《〈路易·波拿巴政变记〉第二版序》上有一段话，非常具体的说明了如何处理客观规律性和主观能动性的问题。在这篇序言中，他批评雨果著的《小拿破仑》没有看到历史的必然性，只是强调个人的作用。他说："雨果只是对政变事件负责发动人作了一些辛辣的和诙谐的詈骂。事变本身在他笔下却竟绘成了晴天的霹雳。他认为这个事变只是一个人的暴力行为。他没有觉察到，当他说这个人表现过世界历史上空前强大的个人主动作用时，他就不是轻蔑而是抬举了这个人哩。"[②]在同一序言上他又批评蒲鲁东著的《政变》只是强调历史的必然性，以致陷入客观主义的泥沼。他说："蒲鲁东呢，他想要把政变描述成为先前历史发展的结果；但是，他对于这个政变所作的历史的说明，却不知不觉地变成了对于政变主人公所作的历史的辩护了。这样，

---

①　《毛泽东选集》第二卷，人民出版社，1952年第二版，第522页。

②　马克思：《〈路易·波拿巴政变记〉第二版序》，《马克思恩格斯文选》（两卷集）第一卷，人民出版社，1958年，第220页。

他就陷入了我们那班所谓客观历史家所犯的错误。"①由此看来，过分地强调人的主观能动性，无视客观规律性的作用，是不对的；反之，过分强调客观规律性以致人在客观规律性面前不能起任何作用，也是不对的。正确的论述路易·波拿巴政变的方法是马克思。他在《政变》这本书中所作的论述是"说明法国阶级斗争怎样创造了一些条件和情势，使得一个平凡而可笑的人物能扮演了英雄的角色"。②他指出了历史的必然趋势，也指出了人的作用，而且还指出了历史的必然趋势是阶级斗争创造出来的。

五　结　论

以上所说的这几个问题，在我个人看来都是历史研究中存在的一些缺点。我要着重地指出，上面所说的这些缺点，都是在学习用马克思主义研究历史的过程中发生的，即使如此，我们也应该克服这些缺点。让我们高举马克思列宁主义的旗帜，高举毛泽东的旗帜，向着历史科学的高峰前进。

1962年5月4日（《江海学刊》1962年5月号）

---

① 马克思：《〈路易·波拿巴政变记〉第二版序》，《马克思恩格斯文选》（两卷集）第一卷，人民出版社，1958年，第220页。

② 马克思：《〈路易·波拿巴政变记〉第二版序》，《马克思恩格斯文选》（两卷集）第一卷，人民出版社，1958年，第220页。

历史科学中的观念论及其批判

一

  在历史科学的领域内，也和在哲学的领域内一样，在理论的范畴里，表现为完全相反的两个体系之对立，即史的观念论与史的唯物论。

  这种表现于历史科学之理论上的不同的体系，自然不是从现在才开始，不过尤其是现在，当着伟大的实践的课题，放在我们面前的这个时代，随着人类社会政治经济的构成之发展及其在实践生活上所表现的内容之不同，作为指导人类实践生活发展的最高原理的历史哲学上的争论也就特别的鲜明，特别的激烈了。

　　这种争论，不仅表现历史家对于其先行诸时代的诸事实之不同的认识，而且同时也反映着各个时代的社会中对立着的诸倾向，及其意识形态。

　　历史本身，就是实践生活的发展之纪述，因而历史科学，也就是具有实践性的科学。由于人类在实践生活上，遭遇的环境之不同，因而对于历史上诸现象之认识，也必然因为现实生活之不同，而表现为不同的意识。"在宫殿中所想像的与在陋巷中所想像的，当然不会一样。"由此，产生了对历史之不同的认识论，从而产生了不同的历史观。各人依据其自己所持之历史观，以建立其历史理论的体系。从而发生了理论的争论。这种理论上的争论，虽然不是像在军事上或政治上的斗争那样采取公然的态度，而是一种幽雅的哲学的姿势，但是假如揭开这件哲学的外衣，则即刻可以看出，所谓理论上的争论，不过是由实践生活的矛盾中反映出来的敌对的阴影而已。

　　实际上，当人们是被压迫或求解放的时候，他们为了追求现实生活所必需之物质，与之相适应的历史观，也是现实的战斗的唯物的；反之，当人们自己已经成了支配的，则他们的历史观，也就成为主观主义的，任意歪曲的观念的东西了。像这样的情形，就正是人类意识形态之历史发展极一般的现象。

　　当着资本主义发展之没落期的现在，布尔乔亚为了适应其政治的极端化、法西斯化以及抵抗新兴的科学的历史科学的攻势，他们的历史观，不仅退回传统的史的观念论，并且甚至退回到中世纪的僧侣主义了。然而布尔乔亚不是天生的观念论者或僧侣主义者，只有当他们变成支配者的时候，他们才表现这样的倾向，只有当他们支配发生动摇的时候，他们才以强化这种倾向作为支持其支配之支柱。反之，当我们布尔乔亚自己还是革命的时候，即当他们还是在封建贵族压迫之下的时候，他们"对于尚须攻击的封建制度的批判，正如基督教对于异教的批判，或新教对于旧教的批判。"①他们需要夺取现实，从而改变历史，所以在当时，他们的历史观，不仅是唯物的，而且是战斗的。

历史的事实很明显的告诉我们在18世纪的末期，"战斗唯物论"及"无神论"，曾经作了法国布尔乔亚反封建榨取的僧侣阶级之有力的武器。虽然当时自然科学之幼稚状况，及传统的哲学之非历史的态度，约制了其唯物论之机械论的及形而上学的性质，但拉梅特（La-Mettrie）、霍尔巴赫（Holbach）、黑尔斐咎（Helvetius）、毕德诺（Piderot）等的战斗唯物论，已经打破当时牛顿、俄尔夫等的自然科学之偏狭性、保守性，而坚持以自身说明世界，说明历史，向着一切隐蔽于宗教旗帜下的封建势力作猛烈的进攻。②

然而当法国和美国资本主义的秩序一旦确立而发展起来的时候，还没有等到德国的布尔乔亚生长到能够打破封建制度的时候，德国布尔乔亚的历史家就即刻回避现实的历史，而只是研讨历史理论了。所以从18世纪后半期到19世纪初的1/3的时候，就产生了康德到黑格尔的德意志观念的历史哲学，这种哲学一方面固然是由于德国现实历史内容之贫弱和简单，制约着理论的抽象性；另一方面也是这一时代的布尔乔亚之无力的表现。如一般所周知的，这种哲学中最大的科学成就是辩证法；但另一方面，这种哲学之观念的本质，即刻就反映德国的政治的经济的后退性，反映其布尔乔亚的懦怯性。结局使科学的要素隶属于神学的要素了。

在英国的情形，也是一样。从1689年以来，即英国的布尔乔亚已经把自己高升到与贵族同为支配阶级之构成员的时候，他们即刻就觉得没有保存唯物论的必要了；反之，像休谟（Hume）的不可知论之妥协的理

---

① 马克思：《经济学批判序言》。

② 马克思：《经济学批判序言》。

论，反而成为历史哲学的骨干。很自然的，在18世纪，由于布尔乔亚与封建贵族之妥协，英国的历史哲学，便开始向信仰的妥协方面倒退了。

所以，我们可以说，当布尔乔亚自己还是处于被压迫的时候，他们一样利用史的唯物论作为反封建贵族和僧侣阶级的武器，向封建主义时代的历史观的神秘主义进攻。但是当他们自己代替了封建贵族的地位，他们即刻抛弃并诽谤曾经解放他们的史的唯物论，而开始背叛科学，歪曲真理，彻头彻尾的暴露其一面性和狭隘性，把历史科学倒拖到中世纪的神秘主义的泥坑中去。从道德的颓废和无神论退回僧侣主义，从道德论的信仰退回神秘主义和蒙昧主义。他们截取黑格尔历史哲学中的观念论而毁弃他的辩证法。这样在布尔乔亚的历史科学中，已经没有什么实在的东西了。他们完全变成诡辩论者，直觉主义者，主观主义者，把一切历史的发展都诉之于观念之体现，诉之于不变不动的永恒真理，甚至诉之于神的启示。"从他们看来，世界上只有两种制度：人为的制度与天生的制度。封建制度是人为的制度，布尔乔亚的制度是天生的制度。"自然人为的制度是应该消灭的，而天生的制度是应该永远不朽的。因而我们聪明的布尔乔亚便自然是历史上之永恒的支配者。像这样的历史理论，就正是观念论者在历史科学上之实践的意义。

因此，各个时代的观念论者历史家，从中世纪的神秘主义到资本主义时代的观念一元论：不管是奥古斯丁（Saint Auguste）的神学史观，抑或是康德的自我批判的观念论，以至黑格尔的客观观念论，他们都有一个共同的目的，即歪曲事实谎造历史，并且一致把历史解释为神定的一种秩序或是永恒真理所支配的一种秩序，用宗教与天国的希望，钝化人们对于现实生活的物质之追求，而把他们沉沦在神和理性的虚空中。他们割裂历史的全面性，绞杀历史的生动性，隐蔽历史的飞跃性，最后把人类的历史，从他的具体的现实性中拖出来，交给神去管理。像这样的历史，"并不是历史，而是黑格尔式的音乐，这不是通常的历史——人类的历史——而是神圣的历史，观念的历史。据他的见地看来，人类只是为了发展而用观念或永久理性之简单的工具。"

<h2 style="text-align:center">二</h2>

观念论者在历史科学上之第一步的踏出，便是把人类社会的历史从自然的历史中分离出来，而使之对立，使之成为两个相并的东西。黑格尔说：

> 在自然创造之后，人类就出现，并且他就形成对于自然世界的对立，他是那高举自身于第二世界的本体。我们在我们的一般意识中，有两个王国，自然的王国与精神的王国。精神的王国，为人类所产生的王国。我们虽然对于上帝之国造成各种各样的观念，然而他总是一个精神的王国。而这一精神王国是实现于人类之中，放置在生存界中的。[①]

所以照黑格尔看来，"世界历史是在精神的地盘上进行的，世界包含着'物理的自然'与'心理的自然'于其自身。……但是应把自然当作与精神有关的观察。"[②]因而在这一点上，非历史之自然观，便是观念论必然的结果。黑格尔所谓历史，不过是精神的发展，而所谓辩证法，也不过是精神的辩证法，反之所谓自然，不过是精神之单纯的外化，在其自身中没有具有历史之辩证发展的能力。

历史从两方面看，固然可以区别为自然的历史及人类的历史，但

---

① 黑格尔：《历史哲学》，第38页。

② 黑格尔：《历史哲学》，第37页。

这两方面是不可分离地相互制约着。因为由于各人在自己的意识之下追求意欲的目的，人类创造或善或恶的自己之历史。而活动于种种方面之多数的意识，以及这些意识对于外界之多种多样的作用之结果，便是历史。因此，人类社会的历史和自然的历史，当然不能分离，更加不是对立，而是相互的统一。假如观察社会历史的发展，而忽略人类之自然的基础，则对于人类社会之历史的正确把握是不可能的。结果对于自然之对人类的关系，被摈弃于历史之外。因之作出自然和人类历史的对立。

所以卡尔强调自然的历史和人类的历史之不可分离性，及其相互约制性。他批判了分离了自然和人类，把自然和历史对立起来的普尔诺波额尔的见解，他指明了不把"历史的自然"和"自然的历史"置之眼前，而把两者当作是互相孤立的"物"这种见解之错误。

历史并不如黑格尔所云："人类出现以后，它就形成对于自然世界的对立。"反之，人类社会也是自然的一部分，固然社会是特殊的自然，即质的不同之特殊的自然，它不能与自然是同一的，然它们两者却是相互关联相互统一的。人类在任何情形之下，只是自然之一部分，他决不能如黑格尔所云"高举自身于第二世界的本体"。

因此，人类社会和其余的自然虽有不同的特殊性，然而在人类社会中，也和其余的自然界中一样可以看出与实在之必然的关联。在人类社会的历史中和自然在其历史的发展过程中，同样地受着一个自然的必然法则之支配。然支配自然之历史的法则和支配人类社会的法则，不是同一的，但是在自然之必然的一般运动法则这一点上则是相同的。因为社会的发达史，在某一点上，是表示和自然的发达本质的不同。如在自然中，互相动作的是不会意识的纯盲目的能因，而一般法则，便在这种能因之交互作用中劳作着。反之，在社会历史中，正在行动着的，却是被赋予意识，有反省或热情而向着一定目的行动的人类。没有意识的企图，没有意欲的目的，任何历史都不会发生的。这样的差别，对于历史的研究，特别是各个时代及事件之历史的研究是重要的，然而在根本上历史的经过，同为内在的一般法则所支配的这个事实，则是不变的。

发见支配人类社会的历史之"内在的一般法则"——即贯通人类社会的历史之一般运动法则，这就是史的唯物论之根本的课题。他们以为人类社会的历史之内面一般法则的基础，是物质生产的发展法则，即是人类为了他们自身的生存，而把他们自身的力量加于自然界之发展法则，他们把人类本身的发展，当作一个"自然的过程"而把握。马克思说："把经济的社会结构的发展，当作一个自然史的发展而把握的我之立场，比较任何人的立场，至少使各个人重视其周围的事情。各个人主观上虽然如何的超越周围的事情，但在社会的关系上，都是周围的被造物。"这种历史观与史的观念论不同的地方，就是他不把自然与人类社会当作是对立的，而把他们当作是统一的，而且进一步发展见其相互关联的发展法则。

其实这种法则，自然科学早已在自然界中发现了，它在自然界中发现了许多必然的并且规律性的关系，换言之，由于许多次数的经验，证明了同一的诸原因，可以产生同一的诸结果。但这种原理，无论对于自然界之支配，怎样真实无疑，然而对于最复杂的精神作用，对于社会观念和社会理想，观念论的历史家，还是不能发见其必然的因果关系，因而终局也就不能把存在于自然界中的有规律性的法则，应用于人类社会之历史的发展。从而把人类社会之历史的发展，当作是与自然无关的超自然的一种纯观念的发展。

把人类社会的历史，当作自然的历史之一部，并进而把自然的历史发展的法则应用到人类历史的发展，这是史的唯物论功绩。它发现了种种可以干涉历史进程的人类的观念和理想，这些观念和理想之成功与否，与当时的经济状况，有其必然的关系。所谓经济状况，分析到最后，却又是依靠人类在探求了自然界的法则以后，对于自然界的支配方法及程度而决定。

所以无论社会对于其自然界的地位如何，但各方面看来，我们都能找着同一种类的运动和发展，即那种从自然的本身发生出来的物质间的斗争而来的运动和发展。因为社会的发展，完全是自然的发展框内之一部分，人类的精神，即使是在最复杂最高度的现象形态下，那被解释为自然的一部分，在一切领域内的活动，都是受着自然的法则支配的或制约的。这样唯物论者不但从根本上推翻了观念论的历史学，而且还填平了自然学与历史科学之间的深渊。证明了自然与人类的历史发展之统一，推翻了观念论者头脑中之"精神的王国"。结局使观念论者历史家失去了这样一个地盘，即其中他们可以为所欲为的"包括万有的精神的地盘"。

三

在把意识从其本体物质分离出来，而使之与其本体对立以后，如是黑格尔便开始说明"理性支配世界史"的理论。他这样幽雅的呼唤着："诸君，你们那些对于哲学毫无所知的诸君！现在我要求你们用那对于理性的信仰与对于理性的认识之渴望来加入，来听这种世界历史的讲义。"①

在黑格尔者看来："理性为一切现实所由之而有其存在，和有其生存于其中的实体。理性为无限之力，就是说，理性并不是仅止于理想，止于义所当为，并只存在于现实以外，或是仅只存在于少许人类的头脑之中的某种特殊事物那样的无力的东西。理性为无限的内容，是一切的本质与真实，而它自身就是理性依它自身的活动所创造的质素。……它

———————

① 黑格尔：《历史哲学绪言》，第7页。

是它自己的前提，它的目的，就是绝对的最终目的，同样的，理性自身，不仅是它的最终的目的，从内部到自然的宇宙现象之行动与产生，并且也是到精神的宇宙现象，到世界历史之行动与产生。这样的一个理想是真实的、永久的、绝对的有力之物，它自己启示于世界，并且除了它自己，没有别的东西启示于世界。"①

黑格尔第二步便说明："哲学的世界历史之精神的原则，是一切观点的总体。""历史的个体就是世界精神。"他在其有名的著作《历史哲学》上把世界历史分为四个精神个体，东方世界、希腊世界、罗马世界和日耳曼世界。从东方世界到罗马世界，这就是说明世界精神从低级到高级的原理，概念一系列的发展的表现。不过照黑格尔的意思，历史发达到日耳曼世界，就是精神最高的发展，或理性最后的完满。因为"日耳曼精神恰恰适合于基督教的精神"，日耳曼世界与基督教世界是合一的世界，因而也是神与人的统一世界。在基督教的世界里，再也找不出不满意的东西，历史的原理成熟了，历史的发展停止了，黑格尔的辩证法不动了。

像这样的历史，既不从人类现实的历史中去追求生产关系之历史的运动，而只是虚构一种作为历史运动之理论的表现的范畴，并且企图在这些范畴中考察实在关系之自发的独立的思想、观念，于是不得不把纯理性的运动，当作这些思想与观念之根源。因而历史在观念论者的面前，便不能不陷于极端的抽象。所谓极端的抽象，就是"一切事物都表现为理论的范畴。"从而把理论的范畴当作真实的历史。这样观念论者，自然有理由可以说："世界的事物，都是刺绣，而理论的范畴，则是织成这种刺绣的底布。"②

---

① 黑格尔：《历史哲学》，第6页。
② 马克思：《哲学之贫困》，第99页。

　　在"绝对理性支配历史"这个定言之下，当然可以使整个的现实历史，都沉溺在观念的深渊。从而在观念论者的历史中，除开了这种纯粹的空虚的"精神"这种东西以外，再没有什么实在的东西。这种极端抽象的观念，在它本身以外，既没有立定的地位，也没有与之对立的客体，又没有它可以与之构成的主体，所以好像不得不颠倒起来，而自己立定，自己对立，自己构成。这样，观念论者便以为从此就可以造成一种超时间与空间的绝对理念的历史体系。但是，在实际上，他们从门里驱逐出去的现实的历史，又从窗户里飞进来了。

　　观念论者，既把世界历史当作是"理性的形象与行为""世界历史只是这一理性的现象，即理性在其中启示自己的特殊形态之一，就是在一种特殊元素，即各民族中表现自己之原始形态的复写。"①因此他们肯定历史是无意识地却必然地向着一个预先确立了的理性的目标进行，即向着绝对理性这个东西的现实进行。而这个绝对理性之固确的倾向，又是形成历史事件之内的关联的，代替一个现实的，还未知的关联的东西。他以为人类常常设立一个"神圣的预启"，人类历史，便是依照这种继续不断的"神圣的预启"之指示而向前发展的。换言之，就是依照从远古就有了的人类的概念的自己运动之铅板而进行的。

　　这样他们便作出"原理支配现实"或"法则支配历史"的结论。他们以为不是原理或法则应该与具体历史事实相适合，而是具体历史事实，应该与原理或法则适合。他们不是从现实的历史中，抽象出原理或法则，而是用他们所想像的原理或法则，创造观念的历史。

　　因此，所有曾经实现或正在实现的一切历史和现状，在观念论者看来都是发生于他们本身的推论中。他们所谓历史的哲学，无非是"哲学历史"，他们自有的哲学的历史，再没有"按时间顺序的历史"，而只

————————————

① 黑格尔：《历史哲学绪言》。

有"悟性中之观念的连续"。所谓现实的历史，好像是不曾有过，历史只是神奇的观念范畴，原则，理性之连续的积累。历史科学，只是系统的依照这种原则去排列存在于人类头脑中的幻想而已。由于这些幻想之系统的再建，就是人类的历史。因此，他们以为："各原则都有其所表现的世纪，比如强权的原则，属于11世纪，个人主义的原则，表现于18世纪，所以这是世纪属于原则，并非原则属于世纪。换言之，就是原则造成历史，而非历史造成原则。"①

康德的实证主义，就充分的说明了"历史属于原则"这一理论，他把一切具体的现实的历史都放在人类理性的隶属之下，他把全部人类历史的发展，当作是三个原则的体现，即神学，玄学，与实证的原则之体现。他认为古代历史是属于神学，中世纪历史是属于玄学，法国革命则是属于实证的原理。换言之，他以为古代社会是适应于多神论原理，封建主义是适应于玄学原理的，资本主义社会是适应实证主义的原理。一切现实的历史，都是为了适应原理而产生出来，并且隶属于原理之下。

同样，黑格尔的《历史哲学》也极力的说明人类历史是原理的现实。他以为东方世界是蒙昧与迷信的原理之现实，希腊世界是美与自由的原理的现实，罗马世界是热望与痛苦的矛盾的原理之现实，日耳曼世界是基督教的原理的现实。因此，黑格尔肯定地说："历史应该一般地用悟性去观察。""我们应该把信仰与意欲归之于历史。"②

这样观念论者所谓大规模的历史纪述，看来简直是把历史本身抛出于历史之外。他们的历史，只是被夺去了实在内容的无质的抽象，或是无生命的愚劣的姿态。照黑格尔的说法："历史不外是美的个性的姿态之完成和这样的艺术品之实现。"因而一切历史中的实在性，都被视为

---

① 马克思：《哲学之贫困》，第110页。

② 黑格尔：《历史哲学绪言》。

想像中存在的非物质的东西，而升化为纯良的道德，伟大的正义以及永恒的理性。在人类历史上，不但没有阶级斗争，而且也没有构成阶级的主体的人类，以及这些人类之依以生存的一切物质了，存在的，只是我们观念论者永恒的理性。

然而作为历史出发的诸前提，不是抽象的原则或永恒的理性，更不是"神圣的预启"，而是现实的前提。这些前提，包括真实的人类的存在以及他们的行为他们生存的物质诸条件。历史，不是"美的个性之姿态"，而是人类实践生活之发展的纪述。一切历史的研究，必须从这些基础的实在的东西在历史发展中的变化上去考察。历史科学的任务，是从人类之一系列的实践活动中，即从具体的历史事实中，抽象出一个历史发展的合法则性。这种合法则性，固然好像是一种抽象化了的概念，但它是从具体的历史事实中抽象出来的，所以只有当这种概念是反映着具体历史事实的时候，才能成为历史之合法则性；反之，"这种抽象，如其本身从现实的历史脱离出来，就完全没有什么价值。"这即是说如果不把这种概念归结到物质的基础上，便失去其对于历史的合法则性。

因为历史的合法则性，虽然采取非常抽象的形式，但确是依据于非常现实的历史资料，它并不是先历史而存在，而是必须要有那些既存的具体的历史事实，作为它的本体，才能反映出来。它既不能从它的自体中创造出来，导引出来，也不是从思维中，从创世之前就存在于某处的图式，计划或范畴，而只是现实历史之抽象。所以"原理并不是研究的出发点，而是研究的终极的结果；原理不能适用于自然及人类历史，而是从自然及人类历史中，作出抽象来。并不是自然与人类适应于原理，而是原理的正确性，要以适应自然及历史与否为依归。"[1]

所以史的唯物论者"在历史中不看见神的启示，而只看见人类的

---

[1]　恩格斯：《反杜林论》，第570页。

启示。"这里，所谓人类，是现实的人类，所谓人类的本质，就是社会关系的总体。这些现实的人类以及他们的行动，便是史的唯物论之根本的前提。"人类为了创造历史，必须处于获得生活的状态之下，这就是一切历史之第一前提。作为人类之中心，便是他们之物质生活资料的生产，这就是人类之第一次历史行为。人类之历史的行为——物质的生活资料之生产——毕竟是一切历史之根本条件。"①

因为一切人类之第一前提，是人类之诸个人的生存。所以一切历史的叙述，必须从这些自然之基础，及人类的行动在历史之进行的途程上，变更这些自然基础的这种事实出发。人类之对自然的行动，即人类之历史的实践，在人类之历史的实践上，自然和社会之相互的关系便统一起来，而社会之历史的发展，便由之而进行。

总之，史的唯物论正和史的观念论相反，后者是"从天到地"，而前者是"从地到天"。史的唯物论，并不从一般人们自己所说的，理想的，或矫造的东西出发，更不从神定的教条或原理出发，企图探求一个形而上学的"精神王国"的内容，而是从真实的、活动的、存在的过程出发，以这种存在，去说明由其反映出来的观念诸形态。他们以为这些观念诸形态，只是现实的历史所反射出来的东西，它们是随着现实生活在历史上之变更而变更的，即："意识并不决定生活，反之，而是生活决定意识。"人类历史之发展的基础，乃是物质生活之生产以及这生产的诸条件——物质的生产力。作为这物质生产力之推动力的，便是人类在实践生活上的斗争。因之某一时代的社会经济的结构，就形成了历史的真正基础，而为该时代的法律、政治乃至宗教、哲学以及一切观念等上层建筑，归根到底，都由这个基础来说明。这样，观念论，就从它的最后的隐蔽所历史科学中驱逐出去了。人们才开始用存在解释意识而不

---

① 《德意志观念形态论》日译本，第1分册，第18页。

用意识解释存在了。

四

　　观念论者历史家在确定"理性支配世界史"这一原理以后，如是再进一步依照自己的意识创造观念的历史。创造历史的，当然是人类，然而历史的动因，不是个别的人类的意识，也不是行动着的人类的头脑。卡尔说："人类创造自己的历史，然而他们不是在自由选择的条件之下，任意地创造历史，而在从现存于目前的一定的过去传授下来的形势之创造历史。"[①]

　　同样，恩格斯也说过："人类在被赋与的制约的自己的环境之中，以表现于眼前的事实之诸关系为根据，而创造自己的历史。在其中，经济关系，虽然为其余的政治的意识形态的关系所影响，然而在终极上，决定的东西，还是经济关系，而形成一贯的很显明的赤线。"[②]固然历史上的各个人类，依从其意识中的意欲的目的而行动，这是事实。然而个人意识之动因，对于历史的发展之总体的结果，常常是从属的意义。问题是在说明什么推动力存在于个人意识之动因的背后？什么历史原因，在行动着的人类的头脑之中变动其动因？像这样的问题，观念论者历史家不但不能解答，甚至也不能提起。

　　观念论者承认历史中观念的冲动力所以只能从人类历史行为之观念的动因判断历史，而不能更深入地考察在观念的背后，推动观念的究极的原因。这种究极的原因，不是人类的历史行为之观念的动机，而是社会自体之物质诸条件。承认在历史中观念的冲动力，这是对

----

　　① 《路易拿破仑的雾月十八日》，第252页。

　　② 《费尔巴哈论》，第84页。

的，但是不承认在这观念的冲动力之背后，推动这观念的冲动力的究极的原因——支配人类社会之历史的客观的实在的法则而考究这个法则——则是错误的。

康德乃至黑格尔他们不是在历史的本身中，追求历史的推动力，而把这种推动力，从外部，即从哲学的意识形态输入到历史之中。例如黑格尔不从历史本身之内部的联络，说明古代希腊的历史，而认为这个历史，不外是"美的个性的姿态"之完成，或是意味着"艺术的表现"。这种以纯粹的理性去解明历史的历史哲学，不仅是黑格尔为然，这是德意志一切历史叙述之最后的东西，是一切观念论者达到最纯粹的思想的表现之归结。像这样的历史哲学，"不外是精神和物质，神和世界之对立的基督教的日耳曼之教义思辩的表现。"

然而我们知道，人类的意识，一点也不能变更历史行程为内部的一般法则所支配的这个事实。因为意欲的东西，很少能实现，换言之，不是人们想创造一个怎样的历史，便可以实现怎样一个历史；反之，在大多数的场合，不是许多意欲的目的之相互交错或反拨，便是这些目的的本身，本来就不能实现，或者实现的手段不充分。因此在历史中常常显现为无数个人的意欲及行动之冲突。比如说，在现实的历史中，有些人的意欲，是一个进步的企图；反之，有些人的意欲，则是一种反动的企图。此外压迫者与被压迫者的意欲，也是相互反拨的。行动的目的，虽然是预定了的，可是在实际上从行动所生的结果，是不能预料的，或者开始似乎与意欲的目的一致，而结局则与预想的目的完全不同。假如黑格尔能够理解这一点，也就不会站在这五光十色的意欲当中发出虚空的悲哀了。

总之，人类历史的推动力，决不是各个人的意欲，而是站在这种意欲背后的作为人类生活资料之物质的生产与交换。所以唯物史观，是从下面的命题出发，即：生产及次于生产的交换，是一切社会制度的基础，在历史上所表现的一切社会上，作为其社会之变动的根本的动力的，就是这种生产乃至交换的方法。因而关于历史的推动力，不应当在人类的头脑中，就是不应当在人类洞悉于永劫的真理以及正义之增进中去探求，而是应当在生产方法和变换方法的变动中去探求。那就是说，不应当在哲学上去探求，而应当在当时的经济上去探求的。

观念论者，在这里，看不见历史之最根本的推动力，而立于愿望的东西的见地。他们以为人类历史是完全服从着自己的意识的发展法则，历史发展，就是由神学的思维，而移于形而上学的思维，再由形而上学的思维，移于实证的思维之发展的法则，换言之，就是由神的意欲到英雄的意欲，再由英雄的意欲到资本家的意欲之发展法则。因此，他们一致高扬伟人与天才，把历史上之伟大的变革与成果，不归功于当时的大众在历史发展中所演的任务，而归功于几个"特殊个人"之意识。他们所谓人类历史不是人类全体的现实历史，而是几个"特殊个人"的意识之连续的积累。他们把个人从大众之中孤立出来，最后又把这几个"特殊个人"的意识归结于"天命"，归结于"神"的寄托。因此，在他们的历史中，除了几个"特殊个人"的传记之外，再也没有什么东西。如果照这种理论去推论，人类历史就会变为一种神秘的东西。在他们看来，古代希腊、罗马的奴隶制度之产生，不是因为私有财产之起源与阶级社会之开端，而是因为几个天才的奴隶主偶然地发明了人类可以当做奴隶使用。中世纪封建主义之代兴也不是因为农业之发展，而是因为某几个封建领主，欢喜把大部分奴隶或自由民转化为农奴。同样，近代资本主义社会之出现，也不是因为蒸汽机器之发明，影响到工业之进步与商业的发展，而是某几个聪明的资本家发明了从劳动者阶级身上，可以剥削出剩余价值。于是历史便依于奴隶主的意欲而表现出奴隶社会，依于封建领主的意欲而表现出封建社会，依于资本家的意欲而表现出资本主义的社会。自然的推论，现在的法西斯主义之展开，也不是因为资本主义达到它的最后阶段之必然的政治的表现，而是因为莫索里尼意欲着北非的领土和地中海的霸权，希特勒意欲着世界殖民地的再分割，或者是东方的某国，意欲着太平洋的权利的独霸。因而法西斯主义，在观念论历史家看来，不过是莫索里尼和希特勒以及其他爱国主义的英雄们的意欲之实现而已。

　　我们姑且退一步承认历史是意欲的实现，但是在同一历史时代，所有的人都在意欲，一部分人的意欲之实现，是以另一部分人的意欲之不实现为前提，比如奴隶主，封建领主及资本家的意欲之实现，是以奴隶、农奴及劳动者的意欲之不实现为前提，因而观念论者所谓意欲只是一部分胜利者的意欲。又比如莫索里尼意欲着并吞亚比西尼亚，而亚比西尼亚则意欲着不为莫索里尼所并吞，假如这相反的两种意欲，都要同时实现，则法西斯主义的历史，便不能开幕。所以观念论者所谓意欲，不是大众的意欲，而是所谓英雄的意欲。他把英雄当作人类中的特殊变种以别于一般的大众。大众，在观念论者看来，不过只是演着特殊变种的个人底创造者手中之黏土的角色而已。他把英雄和大众对立着，无论英雄怎样地爱着大众，又无论英雄怎样地热心同情于大众之永远的困苦、缺乏及其不断的苦难，他不得不蔑视大众。他又不能不意识着历史是以英雄的意识与行为为动力，而且意识着在一方面所谓大众的，就是与历史全然没有关系的人群，是要受那"伟大的"英雄的亲切的领导，才有所成就的无数的无用的人群。因而观念论者，所谓历史的推动力，便是各个历史时代中的伟大人物的意欲。固然，我们并不完全否认这种个人对于历史所引起之作用，但是这种作用，只能或多或少的给与以影响，而决不能改变历史是随着社会的经济的变革而变革的法则，则是无可怀疑的。

五

在现在当资本主义的没落期，我们布尔乔亚的观念论的历史家益发害怕真理，害怕科学，他们不能不积极地逃避真理背叛科学，这样的倾向，在历史科学上，表现得更为露骨。因为历史科学比之自然科学，更容易被他们主观的歪曲，在所谓民主政治的资本主义诸国家，他们还多少以科学的外衣，掩饰其向历史唯物论之进攻，但在法西斯主义的国家，则已经采取一切露骨的手段，他们早已无耻的倒在中世纪神秘主义的怀抱中去了。

我们知道，历史在黑格尔的哲学中，虽然是观念的，但还是辩证的——即使这种辩证是观念的辩证。现在，我们危机中的布尔乔亚甚至对于这种辩证的观念论，也认是一种危险的理论，何况马克思、恩格斯已经确立了历史之"否定的否定"的理论，这对于他们，更是一种最大的威胁。因为这样就显示了资本主义社会也不过是一大历史运动中的一个阶段，而不是一个万世不变的秩序。换言之，这就是说明资本主义社会之没落的必然性。历史既不停止于封建领主的王庭之前，它当然也不会停止在我们布尔乔亚的警察政治之前，自然，它更不会停止于法西斯主义的挺进队之前，它必然要冲出一条前进的出路，以现实其飞跃的姿态。

为了要肯定的说明资本主义社会的当然的应该永远继续下去，我们效忠于布尔乔亚的观念论的历史家，不能不尽力去反抗历史之变革的理论，不能不以和平的进化论代替历史的突变论，不能不否定动的历史观，而建立不动的历史观，以避免历史对于自己之否定。因此他重新向中世纪招回了"上帝"或"绝对理性"的幽灵，并企图以这种幽灵把现实的历史引导到虚无缥缈的境界中。

　　现在我们的布尔乔亚，正在以史的观念论固守着资本主义的行将失去的阵地。他们把资本主义的命运，比之于"能力"的永久不变的命运。把历史的突变，比之于机械的移动。他们从心理学、生理学、尤其是物理学各方面去否定史的唯物论。他们以为如此，便可以停止历史的向前发展。但是无论我们观念论者如何阻止历史的发展，历史终于是要把它的忠实的奴仆遗弃在它的后面的。

　　为了说明资本主义秩序的神圣，我们观念论者，都一致宣言，凡是现存的，都是合理的，凡是合理的，都是永恒不灭的神圣的秩序了。他们这样哲学地祝福警察国家，法西斯主义。但是实际上一切存在的，都是必然要归于毁灭的，只有在历史的必然性之下，存在才是实在的。例如罗马共和国是实在的，消灭他的罗马帝国也是实在的，法兰西王国在1789年便成了非实在的了，俄罗斯帝国在1917年，也变为非实在的了，议会制度，在德意志和意大利曾经是实在的，现在也变为非实在的了。这样，资本主义在今日是实在的，但不能保证它明日会变成不实在的。因为这是历史的必然性呵！

　　现在，在法西斯主义的国家，我们观念论的历史家的合唱队，一致的乞怜于上帝，沉沦于理性。他们的历史，已经不是历史，而是根据法西斯主义的党纲，和军事计划的政治宣言。他们鼓吹"历史的暴力论"，肯定"暴力"是历史的动因。肯定政治上的压迫形式，可以改变经济上的压迫形式，因此，历史的动力应该直接从政治的暴力中去寻找，而不应该在推动这种暴力的经济中去寻找。他们的历史中，已经没有一点合理的叙述，而只是充满了帝王、英雄、圣贤、领袖的事业与天才，奠定历史以暴力的基础。从毕罗（Below）的历史之政治的动因说，以至麦起力士（Mehlis）之历史的神学的复归，无一不是企图历史地去唤起对于崇拜伟人与发动战争的热情。

　　最后，这些法西斯主义的历史家，把自己民族的历史，从世界史中孤立出来，并且把世界史隶属于其自己民族或国家的历史之下，一切其他民族的历史的发展，都要依照法西斯英雄之暴力主义的原理而被规定。暴力是现阶段的理性之特殊的形式，所以"理性支配历史"，到现在，变为"暴力支配历史"。这就是史的观念论发展到今日为止的一种新的内容。

（《中山文化教育馆季刊》1937年秋季号）